ТРАНЗИТ

A BRIDGE TO ADVANCED RUSSIAN LANGUAGE STUDIES

ТРАНЗИТ
TRANZIT

A Bridge to Advanced
Russian Language Studies

by Daphne West
Head of Modern Languages, Sherborne School for Girls

and Michael Ransome
Head of Modern Languages, Bristol Grammar School

Bramcote Press
Nottingham

© Daphne West, Michael Ransome 1996

First published 1996 by
**BRAMCOTE PRESS, 27 Seven Oaks Crescent,
Nottingham NG9 3FW, England**

Illustrations © *Esther Kaufmann 1996*

Cover design by **MAM** 0115 948 3344

Printed in Great Britain by
Antony Rowe Ltd, Chippenham, Wiltshire

British Library Cataloguing in Publication Data
A catalogue record for this book is available from the British Library.

An audio cassette tape recording of the texts and interviews transcribed in this book is available from the publisher.

ISBN 1 900405 00 8 (net)
ISBN 1 900405 01 6 (non net)

CONTENTS

ABOUT THIS BOOK

TRANZIT IS DESIGNED for use principally by senior school pupils and young adults, and it presupposes that students using it can already cope confidently with the Russian language up to an intermediate level, such as that represented in England and Wales by the higher tiers of GCSE syllabuses, in Scotland by the SCE S Grade, and their equivalents in other countries. It is suitable for use in adult and further education classes, and by university students who are learning Russian *ab initio* and have passed the elementary stage.

The book aims to consolidate and develop the skills of listening, speaking, reading and writing through a variety of exercises, to extend knowledge and understanding of grammar and structures and to develop awareness of Russian life and culture. The authors hope that teachers will find *Tranzit* easy and enjoyable to use. There are six chapters each based on a theme and made up of speaking tasks (with verbal and/or visual stimuli), grammar explanations and exercises, and comprehension exercises based on printed or recorded texts; written tasks develop from material which has been heard, read or spoken about.

Printed texts are based on contemporary topics or are taken from literary sources. Some texts are followed by a variety of comprehension questions (e.g. students are asked to answer questions in Russian, or summarize in English, select an appropriate multiple-choice answer or match questions with appropriate answers). Other printed texts are in the form of exercises, designed to explore what students already know about particular grammar points; these are followed by explanations of the grammar concerned, then by further exercises.

The snowflake ❄ indicates the beginning of the grammar section. The symbol ➤ indicates listening exercises. A full transcript of the cassette recording is to be found on pages 96 to 115.

Instructions throughout the book are given in Russian and a glossary of the most commonly used terms may be found on page ix. This list shows the wide variety of activities involved. It is assumed in the lists of words that students understand the usual dictionary abbreviations for grammatical terms referring to gender, case, etc. Each chapter ends with a list of *Ключевые слова*, Key Words relating to the theme treated in that chapter, and essential items of vocabulary appear (boxed) on each page.

INTRODUCTION TO THE INDEPENDENT STUDENT

THE AUTHORS of this book very much hope that it will prove helpful to independent learners who have a basic knowledge of Russian grammar, who want to extend and consolidate that knowledge and to broaden their acquaintance with Russian life, culture and language generally.

If you are one of these, you will find the texts, both printed and recorded, particularly useful; if you do not have the cassette, try working with the transcript (you will also find this useful if you are working with the cassette in order to check your understanding of what you have heard). You may also find it helpful as you work through the exercises to have a good dictionary available. A more-than-elementary grammar book will supplement the information supplied in *Tranzit*.

However, we urge you not to ignore those other parts of *Tranzit* which are specifically intended for co-operative work in the classroom. At first you may think it frustrating to be invited to 'discuss with your partner and then with the group' if you are working alone. You do have one great advantage: you can pace yourself, read and listen to the tape recording as often and with as many interruptions as you like without having to consider other students. And you can try the following techniques. If asked to 'discuss', instead jot down a few notes in Russian on the topic proposed; then attempt to record your remarks; listen to these and try to amplify, improve and re-record them. Do not believe those who say you will be necessarily reinforcing your own mistakes—recent research has shown that well-motivated learners can spot most of their own mistakes, given time.

Nevertheless, join a Russian class if you can, or find a teacher who will help you with private tuition—if only once in a while. If you think the publisher and authors of this book could provide any supplementary material to assist the independent student further, please write and let us know what type of guidance you would find particularly helpful. Meanwhile, we wish you good luck in your studies.

M. R., D. W.

AN DEUTSCHSPRACHIGE LESER

WIR HOFFEN, daß diese Auswahl von Texten über aktuelle Themen Russischlehrern helfen wird, die russischen Sprachkenntnisse ihrer Studenten zu verbessern und vertiefen. Das Buch ist zwar ursprünglich für die englische Oberstufe und die Volkshochschule geschrieben worden, eignet sich aber auch für andere Länder, wo Russisch die normale Unterrichtssprache ist.

Alle ins Englische übersetzten Vokabeln, die in den sechs Kapiteln in den jeweiligen Kästen und in den Listen von *Ключевые слова* erscheinen, sind auch im Wörterverzeichnis Russisch-Deutsch-Französisch am Ende des Buches abgedruckt.

Für die wenigen Übungen in englischer Sprache ist eine deutsche Übersetzung auf Seiten 116-118 gegeben.

Die grammatischen Erklärungen sind nicht übersetzt worden. Der Verlag ist bereit, sie separat herauszugeben, falls in deutschsprachigen Ländern danach gefragt werden sollte. Wir wären Ihnen dankbar, wenn Sie dem Verlag schreiben und sich dazu äußern würden.

Für Ihren Sprachunterricht wünschen wir Ihnen viel Erfolg.

A NOS LECTEURS FRANCOPHONES

NOUS ESPÉRONS que ce livre vous sera utile. Il contient des sujets thématiques qui permettront aux enseignants d'aider les étudiants à développer leur connaissance et leur compréhension de la langue russe. Cet ouvrage a été rédigé pour les classes des lycées ainsi que pour les instituts d'enseignement des adultes en Grande-Bretagne, mais il a pour objectif d'encourager l'utilisation de la langue russe pendant la plus grande partie de la leçon.

Tous les termes traduits en anglais dans les cases qui figurent dans les six sections et dans les listes de *Ключевые слова* apparaissent également dans le lexique Russe-Allemand-Français à la fin du livre.

Les quelques exercices qui existent en langue anglaise sont traduits en français à la page 119.

Les explications grammaticales ne sont pas traduites. L'éditeur pense publier séparément une traduction de ces sections, ceci dépendra de la demande provenant de nos amis francophones. Veuillez faire parvenir vos commentaires à l'éditeur.

Dans l'attente de vous lire, nous vous souhaitons bonne chance dans vos études de la langue russe.

viii

COMMONLY USED TERMS IN THE INSTRUCTIONS

Выберите ответы на вопросы   *Select answers to the questions*

Выберите подходящее определение каждому слову   *Choose the appropriate meaning for each word*

Выберите подходящее слово (глагол)   *Choose the right word (verb)*

Допишите диалог   *Complete the dialogue*

Запишите данную информацию   *Write down the information given*

Найдите пары   *Find matching pairs*

Напишите отчёт   *Write a report/account*

Напишите пропущенные слова   *Fill in the missing words*

Напишите резюме   *Write a summary*

На родном языке   *in your native language*

Обсудите с партнёром, потом в группе   *Discuss with your neighbour, then with the whole class/group*

Объясните своими словами значения следующих слов и фраз   *Explain in your own words the meanings of the following words and phrases*

Опишите рисунок   *Describe the drawing*

Ответьте на вопросы   *Answer the questions*

Отметьте галочкой   *Mark with a tick*

Переведите следующий отрывок   *Translate the following passage*

Перепишите слова (в скобках) в нужной форме   *Rewrite the words (in brackets) in the required form*

Посмотрите на рисунок   *Look at the drawing*

Прослушайте (окончание) интервью   *Listen to (the end of) the interview*

Прослушайте отрывок   *Listen to the passage*

Прослушайте сообщение   *Listen to the talk*

Прочтите дальше   *Read on*

Решите, правильно, неправильно или неизвестно   *Decide whether the statements are true, false or whether the answer is not given*

Сделайте одну фразу из двух   *Make two sentences/phrases into one*

Сделайте резюме   *Compile a summary*

Сделайте список   *Make a list*

Составьте диалог   *Compose a dialogue*

Чем отличается...?   *What is the difference [between...and...]?*

Чему мы научились?   *What have we learned?*

Что идёт с чем?   *What goes with what?*

Что соответствует чему?   *What matches what?*

ACKNOWLEDGEMENTS

OUR THANKS GO to Tatyana Izmailova, Tanya Webber and Galya Ransome for all their helpful comments during preparation of the manuscript, to the sixth-form Russian classes at Bristol Grammar School and Sherborne School for Girls for their helpful suggestions during piloting of the material, and to the families of the authors for their forbearance (again!) during the preparation of *Tranzit*.

PRODUCTION CREDITS

Illustrator Esther Kaufmann
Cover designer Keith Turner, Midlands Arts Management, Nottingham

Russian native language consultants Tanya Webber, Tatyana Izmailova, Galya Ransome
German translator Walter Grauberg
French translator Elisabeth Hasted
German and French language advisors Emmanuelle Lutz, Esther Kaufmann, Wendy Laid, Anne-Marie Slack

Recording artists Tanya Webber, Irina Kolesnikova, Pyotr Reznikov, and the authors
Audio production by Brian Savin, BRMB, Birmingham
Cassette tapes produced by Sherborne Sound, Nottingham

Editor James Muckle

1. ПРАЗДНИКИ

1.1 *Обсудите с партнёром, потом в группе:*

Что такое праздник?
Какой ваш любимый праздник и почему?
Какие подарки вы любите дарить на день рождения?
Какие подарки вы любите получать на Рождество?
Когда отмечают Рождество на вашей родине?
Опишите ваш идеальный день рождения или идеальное Рождество.

ро́дина	native country, homeland

1.2 *Сегодня 31-ое декабря, любимый праздник Саши, которому шесть лет. Как видите, он плачет. А почему? Прочтите дальше...*

бабушка больна
гостей не будет
мама на работе
подарков нет

1

1.3 *Теперь напишите диалог между Сашей и его другом, в котором он объясняет, почему он плачет, а друг утешает его.*

> утеша́ть (*несов.*) = to comfort

➤ **1.4А**

Какие передачи можно смотреть по телевизору 31-ого декабря? Прослушайте сообщения и запишите или названия передач, или время:

КОГДА?	НАЗВАНИЕ ПЕРЕДАЧИ?
21.10	
	Лотто-миллион
23.15	
	С Новым годом!

➤ **1.4Б**

Прослушайте интервью. Сделайте резюме на родном языке, заканчивая следующие фразы. Дайте как можно больше информации.

1. The first holiday in the year is ....
2. Russians celebrate Christmas on....
3. At Christmas they usually...
4. The next holiday is 8th March, when ...
5. February 23rd used to be ...
6. Russians like the month of May because ...

выходно́й день	day off
День Побе́ды	Victory Day
как мо́жно бо́льше	as much as possible
междунаро́дный	international
правосла́вный	Orthodox
существова́ть	to exist

➤ **1.4B**

Теперь прослушайте окончание интервью. Закончите резюме по-русски:

Чтобы отмечать ... в семье покупают ... и готовят ... дома. Обычно приглашают ... и родственников. Самый важный день рождения ..., потому что тогда можно ... ... и жениться. В 16 лет человек получает ... . В школах устраивают специальный праздник: день ... ...

выходи́ть/вы́йти за́муж	to get married (of a woman)
наве́рно	probably
собы́тие	event
устра́ивать/устро́ить	to organise

❋ Грамматика - что мы знаем?

1.5 *Прочтите текст и перепишите слова в скобках в нужной форме:*

Вот парадокс: самое плохое и холодное время (год) даёт (мы) самый интересный праздник: Новый год. В России, так же, как почти во (все страны) мира, это праздник из (праздник). Надо сказать, что (мы) немного жалко людей (страны), где в (новогдняя) ночь нет (снег). Там нет (возможность) заниматься (снежные игры). Конечно, у (каждая страна) есть свой специальный Новый год. Но среди (русские), русский Новый год считается (самый лучший) в (мир).

жа́лко (*напр.* мне жа́лко его́)	pity/sorry (*e.g.* I feel sorry for him)
страна́	country
счита́ться	to be considered

Обсудите с партнёром, потом в группе:

Какой праздник вы предпочитаете - Рождество или Новый год? Почему?

❄ Грамматика - что надо знать?

CASES – ПАДЕЖИ ... and when to use them:

NOMINATIVE CASE - *ИМЕНИТЕЛЬНЫЙ ПАДЕЖ*
Used for the SUBJECT of a sentence or phrase.
e.g. *Наш друг* получил открытку.
Этот праздник считается самым лучшим
Only ONE occasion when it is used after a preposition
Что это за *подарок*? What sort of present is it?
Что это за *книга*? What sort of book is this?

ACCUSATIVE CASE - *ВИНИТЕЛЬНЫЙ ПАДЕЖ*
Used for the OBJECT of a sentence or phrase
e.g. Аня дала мне *открытку.*
Борис получил *письмо.*
NB! Remember that for masculine singular and masculine and feminine plural ANIMATE nouns the accusative endings are the same as the genitive endings.
e.g. Учитель видит *ученика/учеников/учениц.*
Дед Мороз видит *всех детей.*
Used after prepositions:
e.g. в (into, to); на (onto, to); про (about, concerning)
Он вошёл в *комнату* и рассказал нам про *Деда Мороза* и *подарки.*

GENITIVE CASE – *РОДИТЕЛЬНЫЙ ПАДЕЖ*
Used to show POSSESSION (like the English -'s)
e.g. Это подарок *Ивана.* Мама *Нины* подарила мне книгу.
Used after *нет* to indicate "there is no.../there are no..."
e.g. Жаль, что у нас нет *снега.* Здесь нет *подарков.*
Used after many prepositions:
e.g. без (without); вместо (instead of); до (to, until, as far as); из (from, out of); кроме (except); мимо (past); около (near to); от (from); после (after); против (against); с (down from; since); среди (among); у (by, at the house of; in the possession of)
Без *снега* новогодняя ночь очень неинтересная!

DATIVE CASE – *ДАТЕЛЬНЫЙ ПАДЕЖ*
Used for the INDIRECT OBJECT of a sentence or phrase (*to, for*)
e.g. Дед Мороз дал *мальчику* много подарков.
Used for AGE constructions
e.g. *Наташе* семнадцать лет
Used for IMPERSONAL EXPRESSIONS
e.g. *Борису* холодно. *Детям* скучно. Там *студентам* *нельзя* работать.
Used after prepositions:
e.g. к (towards), по (along, according to)
Девочка подошла к Деду Морозу.

INSTRUMENTAL – *ТВОРИТЕЛЬНЫЙ ПАДЕЖ*
Used for the INSTRUMENT by means of which an action is done
e.g. Я пишу *ручкой/карандашом*
Used after certain VERBS (as the "complement")
e.g. заниматься/заняться (to occupy oneself); интересоваться (to be interested in);
казаться (to seem); становиться/стать (to become); считаться (to be considered);
увлекаться (to enjoy, have as a hobby)
Иван хочет стать *учителем.* Я увлекаюсь *музыкой.*
Used after prepositions
e.g. за (behind); между (between); над (over); перед (in front of); под (under);
с (with, accompanied by).
Дед Мороз стоял перед *ёлкой*

PREPOSITIONAL – *ПРЕДЛОЖНЫЙ ПАДЕЖ*
ONLY used after FOUR prepositions:
в (in, at); на (on, at); о (about, concerning); при (in the presence of, during the reign of)
Учитель рассказал нам о *русских праздниках* при *Петре первом.*

CASES AND ENDINGS – *ПАДЕЖИ И ОКОНЧАНИЯ*

SPELLING RULES:
1. After г, к, х, ж, ч, ш, щ never write –ы–, always –и–
2. After ж, ч, ш, щ, ц never write unstressed –о–, always –е–

(In the following tables regular patterns only are given; "soft" equiavalents are given in brackets; don't forget you need to revise irregular nouns in addition to the regular patterns given here!)

CASE	MASCULINE SINGULAR ADJECTIVE	MASCULINE SINGULAR NOUN	MASCULINE PLURAL ADJECTIVE	MASCULINE PLURAL NOUN
Nom.	–ый, –ой (–ий)	– (–ь, –й)	–ые (–ие)	–ы (–и)
Acc.	–ый, –ой (–ий) animate: – –ого (–его)	– (–ь, –й) animate: – –а (–я)	–ые (–ие) animate: – –ых (–их)	–ы (–и) animate: – –ов (–ей, –ев)
Gen.	–ого (–его)	–а (–я)	–ых (–их)	–ов (–ей, –ев)
Dat.	–ому (–ему)	–у (–ю)	–ым (–им)	–ам (–ям)
Instr.	–ым (–им)	–ом (–ем)	–ыми (–ими)	–ами (–ями)
Prep.	–ом (–ем)	–е	–ых (–их)	–ах (–ях)

5

CASE	FEMININE SINGULAR ADJECTIVE	FEMININE SINGULAR NOUN	FEMININE PLURAL ADJECTIVE	FEMININE PLURAL NOUN
Nom.	–ая (–яя)	–а (–я, –ь)	–ые (–ие)	–ы (и)
Acc.	–ую (–юю)	–у (–ю, –ь)	–ые (–ие) animate: –ых (–их)	–ы (–и) animate: (–ей, –ий,–ь)
Gen.	–ой (–ей)	–ы (–и)	–ых (–их)	– (–ей, –ий, –ь)
Dat.	–ой (–ей)	–е (–и)	–ым (–им)	–ам (–ям)
Instr.	–ой (–ей)	–ой (–ей, –ью)	–ыми (–ими)	–ами (–ями)
Prep.	–ой (–ей)	–е (–и)	–ых (–их)	–ах (–ях)

CASE	NEUTER SINGULAR ADJECTIVE	NEUTER SINGULAR NOUN	NEUTER PLURAL ADJECTIVE	NEUTER PLURAL NOUN
Nom.	–ое (–ее)	–о, (–е)	–ые (–ие)	–а (–я)
Acc.	–ое (–ее)	–о, (–е)	–ые (–ие)	–а (–я)
Gen.	–ого (–его)	–а (–я)	–ых (–их)	– (–ей, –ий)
Dat.	–ому (–ему)	–у (–ю)	–ым (–им)	–ам (–ям)
Instr.	–ым (–им)	–ом (–ем)	–ыми (–ими)	–ами (–ями)
Prep.	–ом (–ем)	–е (–и)	–ых (–их)	–ах (–ях)

PRONOUNS – *МЕСТОИМЕНИЯ* N.B. If a pronoun beginning with a vowel follows a preposition which governs it, an *н* is added to the pronoun - e.g.: Дед Мороз разговаривал с *ними*

NOM.		ACC.		GEN.		DAT.		INSTR.		PREP.	
я		меня		меня		мне		мной		обо мне	
ты		тебя		тебя		тебе		тобой		о тебе	
он, оно	она	его	её	его	её	ему	ей	им	ей	о нём	о ней
мы		нас		нас		нам		нами		о нас	
вы		вас		вас		вам		вами		о вас	
они		их		их		им		ими		о них	

Other pronouns to revise! - весь, этот, сам, кто, что, себя

1.6 *Какие праздники в России?*

В России много праздников. Каждый год люди отмечают разные исторические события, как например, *День Бородина*...

7 (сентябрь) 1812 года произошла битва на (Бородинское поле), недалеко от (Москва). Что это за (поле)? Это место, где солдаты (император Наполеон) встретились с (русская армия). Через сто лет Бородинское поле увидело (второй) конфликт - на этот раз между (советская армия) и (нацисты). Нет сомнения, что два раза на (Бородинское поле) наши солдаты показали миру (своя любовь) к (Россия).

Как известно, император Александр купил (Бородинское поле), чтобы сделать из (он) национальный музей. В (сентябрь) 1839 года, когда в день годовщины (Бородинское сражение) был открыт главный мемориал в память о (погибший), в первый раз состоялся необычный праздник. 120 тысяч солдат и офицеров разделились на («французы») и («русские») и повторили («баталия») 1812 года.

Этот праздник стал (традиция) в (прошлый век), но к (сожаление) про него забыли при (советский режим). А теперь можно ещё раз отмечать (он). «День Бородина» ещё раз стал (национальный праздник).

а́рмия	army
би́тва	battle
век	century
годовщи́на	anniversary
изве́стно	well-known
любо́вь (*ж.*)	love
па́мять (*ж.*)	memory
поги́бший	victim
происходи́ть/произойти́	to happen
раздели́ться (*несов.*) (*на + вин.*)	to divide
состоя́ться (*несов.*)	to take place
сраже́ние	battle
тради́ция	tradition

По-вашему, стоит ли отмечать такие годовщины, как «День Бородина» и «День Победы»? Почему/нет?

День Победы	Victory Day (9th May, to mark end of Second World War); V.E. Day
стóит ли?	is it worth?

➤1.7А

Что идёт с чем? Прочтите вопросы и ответы, потом прослушайте первый отрывок и выберите ответы на вопросы:

ВОПРОСЫ	ОТВЕТЫ
1. Что стоит в каждом доме на Новый год?	А. Что-нибудь вкусное
2. Чем люди обычно украшают ёлку?	Б. Наряженная ёлка
3. Кто приходит к маленьким детям?	В. Спеть и станцевать
4. Что надо сделать, чтобы получить подарок?	Г. Игрушками и огоньками
5. Что дети получают?	Д. Снегурочка и Дед Мороз

➤1.7Б

Прослушайте второй отрывок и ответьте на вопросы по-русски:

1. Где можно найти подарки?
2. Расскажите, что происходит в полночь.

➤**1.7В**

Прослушайте третий отрывок и решите, правильно, неправильно или неизвестно:

Новый год считается семейным праздником
Анна очень любит отмечать Новый год с друзьями
Родители дарят дорогие подарки
Родители и старшие дети переодеваются в Деда Мороза и Снегурочку

➤**1.7Г**

Аня рассказывает забавную историю, которая случилась, когда ей было года три или четыре. Прочтите словарь, прослушайте Анин рассказ, потом перепишите его своими словами (по-русски) - если хотите, можно написать сценку, с диалогом и с рассказом от третьего лица, включая папу, Аню, маму и бабушку.

ку́кла	doll
мешо́к	sack
пла́кать/за-	to cry
по́ртить/ис-	to spoil
пря́таться/с-	to hide
пуга́ться/ис-	to be frightened

1.7Д. *«Мой лучший Новый год.» Напишите примерно 150 слов.*

1.8 *Посмотрите на рисунок! Обсудите с партнёром, потом в группе, почему бабушка так печальна сегодня.*

1.9 *Что идёт с чем? Какие фразы идут вместе?*

1.	Я пишу открытки	А.	этот важный день
2.	Нет возможности заняться	Б.	не считается важным
3.	На Рождество мне жалко	В.	такими видами спорта
4.	Всем надо помнить	Г.	всем друзьям на Пасху
5.	Этот праздник обычно	Д.	детей без подарков

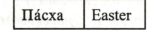

Пáсха	Easter

1.10 *Из слов, данных ниже, выберите подходящее слово на каждую цифру и запишите его:*

выставка	древнем	народных	несколько	прошлом

Праздник в честь Кирилла и Мефодия впервые отметили (1) лет назад. В (2) году он состоялся 24 мая в (3) городе Владимире. Тогда прошли парад, (4) искусства и фестиваль (5) танцев.

в чéсть (+ *род.*)	in honour of
дрéвний	ancient
искýсство	art
нарóдный	folk (adj.)
тáнец	dance

1.11 *С днём рождения!*

Как вы чувствуете себя в день рождения? Вам иногда трудно решить, что купить другу или члену семьи на день рождения?

У русских не только «день рождения», а также «именины». Именины - чей-нибудь личный праздник в день, когда церковь отмечает память Святого с таким же именем. Например, если ребёнка назвали Владимиром, то его именины отмечаются в день Святого Владимира, а его день рождения в тот день, когда он родился. В прошлом именины считались очень важным праздником, и в этот день человек обычно получал подарки и от друзей и от членов семьи. Таким образом, в прошлом у людей было два праздника в год! - «именины» и день рождения. Неплохо!

Давайте посмотрим, что пишут разные русские писатели об этом.

A. *Вот отрывок из романа «Детство» Л.Н.Толстого. Маленькому мальчику, Николаю, надо придумать, что подарить бабушке на её именины.*

> ... Когда нам объявили, что скоро будут именины бабушки и что нам должно приготовить к этому дню подарки, мне пришло в голову написать ей стихи на этот случай... Я решительно не помню, каким образом вошла мне в голову такая странная для ребёнка мысль, но помню, что она мне очень нравилась и что на все вопросы об этом предмете я отвечал, что непременно поднесу бабушке подарок, но никому не скажу, в чём он будет состоять...

имени́ны	name-day
мысль (*ж.*)	thought
непреме́нно	without fail
объявля́ть/объяви́ть	to announce
приходи́ть/прийти́ в го́лову (кому́-либо)	to occur (to someone)
свято́й	saint
состоя́ть (*несов.*) в (+ *предл.*)	to consist of
це́рковь (*ж.*)	church

Что вы предпочитаете - купить подарок в магазине или сделать его своими руками? Почему?

Б. Теперь отрывок из пьесы А. П. Чехова, «Три сестры». Одна сестра, Ирина прекрасно себя чувствует ... ей очень хорошо потому, что сегодня её именины.

Ирина ... я не знаю, отчего у меня на душе так светло! Сегодня утром вспомнила, что я именинница, и вдруг почувствовала радость, и вспомнила детство, когда ещё была жива мама. И какие чудные мысли волновали меня, какие мысли!

вдруг	suddenly
волнова́ть/вз-	to agitate
де́тство	childhood
душа́	soul
настрое́ние	mood
ра́дость (ж.)	joy
чу́дный	wonderful

Вам обычно хорошо в день рождения? Как вы обычно себя чувствуете?

В. Третий отрывок из рассказа «Тьма египетская» М. А. Булгакова. Молодому врачу трудно жить далеко от города и друзей ... тем не менее, день рождения надо отметить!

... Где же весь мир в день моего рождения? Где электрические фонари Москвы? Люди? Небо? За окошками нет ничего! Тьма ... ... Прошу ещё по рюмке, - пригласил я. (Ах, не осуждайте! Ведь врач, фельдшер, две акушерки, ведь мы тоже люди! Мы не видим целыми месяцами никого, кроме сотен больных... Неужели нам нельзя выпить по две рюмки разведённого спирту в день рождения врача?) - За ваше здоровье, доктор! - прочувственно сказал фельдшер.	акуше́рка образова́ние осужда́ть/ осуди́ть прочу́вственно разведённый спирт реце́пт рожде́ние тьма фе́льдшер фона́рь (м.)	midwife education to condemn with feeling diluted surgical spirit prescription birth darkness assistant doctor streetlight, lamp, lantern

Обсудите в группе: Как вы любите праздновать день рождения? Почему?

Г.

- *Приготовьте поздравительную открытку молодому врачу.*

- *Борис должен написать письмо своей тёте, чтобы поблагодарить её за подарок. Что он пишет? (100 слов).*

- *А что он по правде думает? Напишите монолог его мыслей (100 слов).*

Д. Как лучше отметить праздник? Напишите диалог о том, как обсуждают этот вопрос в семье Измайловых:

КТО	ВОЗРАСТ	ПРОФЕССИЯ	ХОББИ
папа	50	учитель	собирает марки
мама	47	милиционер	занимается атлетикой
дочь	19	студентка (изучает латынь)	очень любит читать и петь в хоре
сын	15	ученик	любит тяжёлый рок и мотоциклы

1.12 *Прочтите внимательно следующие слова и определения. Определения в неправильном порядке. Выберите подходящее определение каждому слову!*

	СЛОВА		ОПРЕДЕЛЕНИЯ
1	ёлка	А	самая большая часть
2	взгляд	Б	фильм в картинках, обычно для детей
3	речь идёт о	В	праздновать
4	усилие	Г	воспитывать, учить, как жить
5	большинство	Д	ресурс
6	отмечать	Е	дерево, которое покупают на Рождество и Новый год
7	сирота	Ж	когда разные люди стараются выиграть
8	растить	З	самый главный, важный
9	средство	И	когда видишь или смотришь на что-нибудь
10	основной	К	мы говорим о
11	мультфильм	Л	когда стараешься, чтобы сделать что-нибудь
12	конкурс	М	ребёнок без родителей

Теперь прочтите текст!

БАНК В РОЛИ ДЕДА МОРОЗА

Обыкновенная, кажется, новогодняя сцена: Дед Мороз с подарками, ёлка с лампочками. Однако, не всё так, как кажется на первый взгляд! Речь идёт о сцене в столичном центре «Семья», которая помогает молодым матерям встать на ноги и построить семью. На ёлку пришли больше ста пятидесяти детей и более ста их мам.

14

Было всё, чему надо быть на таких праздниках. И мультфильмы, и весёлые конкурсы, и чай с тортом, и интересные гости.

Если бы «Семья» не сделала героические усилия, большинство этих детей отмечали бы праздник в домах для сирот, потому что совсем ещё молодые мамы не смогли бы растить их.

Как и в прошлом году, как и ежедневно, средства на праздник дал спонсор «Автобанк». Всем спасибо! С Новым годом!

1. *Ответьте на следующие вопросы своими словами по-русски*

а. Чем занимается организация «Семья»?
б. Чем дети могли заниматься на этом празднике?
в. Сколько помощи организации даёт «Автобанк» и как часто?

2. *Объясните своими словами по-русски значение следующих слов и фраз*

а. обыкновенный
б. столичный центр
в. на первый взгляд
г. героические усилия

Прослушайте интервью. Таня рассказывает о свадьбе в России. Прочтите вопросы и выберите правильный ответ:

1. Свадьба часто отмечается дома, потому что
   а) все рестораны маленькие
   б) не так дорого
   в) всегда приглашают мало людей

2. В деревне свадьба продолжается
   а) один день
   б) десять часов
   в) два дня

3. Раньше на свадьбу молодые люди ходили в
   а) церковь
   б) ЗАГС
   в) гостиницу

4. Обычно после регистрации молодые люди идут
   а) к памятнику
   б) домой
   в) к друзьям

5. На свадьбу все стараются заказать
   а) красивые цветы
   б) шикарные костюмы
   в) большую машину

6. На свадьбу покупают подарки, которые
   а) полезные
   б) оригинальные
   в) непрактичные

ве́чный ого́нь	eternal flame
ЗАГС	registry office
коли́чество	quantity
разреша́ться/разреши́ться	to be permitted
сва́дьба	wedding
слу́жба	service

КЛЮЧЕВЫЕ СЛОВА

благодари́ть/по-	to thank
бока́л	champagne glass
весели́ться (*несов.*)	to have a good time
вспомина́ть (*несов.*)	to reminisce
вспо́мнить (*сов.*)	to remember (suddenly)
в су́щности	in essence, essentially
годовщи́на	anniversary
дари́ть/по-	to give (as a present)
жела́ть/по-	to wish
имени́ны (*мн.*)	name day
на Па́сху	at Easter
на Рождество́	at Christmas
настрое́ние	mood
нового́дняя ночь	New Year's Eve
обы́чай	custom
одева́ться/оде́ться в (+ *вин.*)	to dress as/in
отмеча́ть/отме́тить	to mark (e.g. a special occasion)
поздравля́ть/поздра́вить	to congratulate
получа́ть/получи́ть	to receive
посыла́ть/посла́ть	to send
пра́здник	holiday, celebration
пра́здновать/от-	to celebrate
приглаша́ть/пригласи́ть	to invite
происходи́ть/произойти́	to happen, take place
проща́льный ве́чер	farewell party
ро́дственник	relative, relation
рожде́ние	birth
свято́й	holy; saint
состоя́ть (*несов.*) в (+ *предл.*)	to consist of
состоя́ться (*несов.*)	to take place
украша́ть/укра́сить	to decorate
уча́ствовать	to take part
це́рковь (*ж.*)	church
число́ (како́го числа́?)	date (on what date?)

2. СРЕДСТВА МАССОВОЙ ИНФОРМАЦИИ

2.1 *Обсудите с партнёром, потом в группе:*

Вы предпочитаете радио или телевидение? Почему?

Сколько часов в неделю вы слушаете радио?

Сколько часов в неделю вы смотрите телевизор?

У вас есть любимая передача по телевизору?

У вас передача, которую вы не любите?

Объясните, почему вы (не) любите эти передачи.

Какую радиопередачу вы предпочитаете?

Что вы предпочитаете (и почему):

а) читать о новостях в газете   б) слушать новости по радио

в) смотреть новости по телевизору?

2.2 *Посмотрите на рисунок. Таня спорит с своей мамой, Светланой Александровной. В чём дело? Прочтите дальше...*

Кто очень любит «мыльные оперы»?

Кто хочет смотреть каждый эпизод?

Кто считает «мыльные оперы» чистейшим вздором?

мы́льная о́пера спо́рить/по- чисте́йший вздор	soap opera to argue utter rubbish

2.3 *Обсудите с партнёром, потом в группе:*

Почему мыльные оперы так популярны?

По-вашему, стоит ли смотреть каждый эпизод телесериала?

2.4   *Теперь напишите диалог между Таней и Светланой Александровной, в*
котором Таня протестует, потому что Светлана выключила телевизор,
когда Таня смотрела свою любимую передачу.

выключа́ть/вы́ключить	to switch off
то́лько что	only just

➤**2.5A**

Какие передачи можно смотреть? Прослушайте сообщения и
отметьте галочкой, что идёт сегодня по телевизору:

Баскетбол - чемпионат мира	Прогноз погоды на завтра
Мультфильм	Новости
Поездка в Америку	Интервью с автором
Пьеса «Три сестры»	Сегодня в России
Футбол	Художественный фильм

худо́жественный фильм	feature film

➤**2.5Б**

Какая передача в котором часу? Прослушайте сообщения и
найдите пары!

ПЕРЕДАЧИ	*КОГДА?*
а. Клуб деловых людей	1. 07.00
б. Доброе утро	2. 08.45
в. Концерт русской музыки	3. 09.00
г. Лёгкая атлетика	4. 10.00
д. «Мануэла» - художественный фильм	5. 10.45
е. Новости	6. 11.00
ж. Телеслужба безопасности	7. 12.15
з. Сериал - «Улицы Сан-Франциско»	8. 13.10
и. Солнечный город - мультфильм	9. 15.00
к. Стиль жизни - о моде	10. 15.40

2.6 *Прочтите текст и перепишите слова в скобках в нужной форме:*

«Вам надо (платить/заплатить) за кабельное и спутниковое телевидение», (говорить/сказать) администратор гостиницы. «В 19.00 по пятому каналу вы можете (смотреть/посмотреть) видеофильмы.» Так как я очень люблю видеофильмы, я сразу (решать/решить) отдать ей деньги.

Я (находить/найти) номер, и когда я (распаковывать/распаковать) вещи, я (взглядывать/взглянуть) на часы - уже полвосьмого. Я (включать/включить) телевизор. (Ходить/идти//пойти) фильм «Кровавый спорт». Я уже (смотреть/ посмотреть) этот фильм один раз у Пети - я (заходить/зайти) к нему однажды после работы, потому что я (слышать/услышать), что он только что (покупать/купить) видеомагнитофон. Как только я (садиться/сесть) в кресло, он (спрашивать/спросить) меня: «Ну, что, хочешь (смотреть/посмотреть) фильм ужаса со мной? Один я боюсь!»

боя́ться/побоя́ться	to be afraid
взгля́дывать/взгляну́ть	to glance
как то́лько	as soon as
неда́вно	recently
одна́жды	once; one day
отдава́ть/отда́ть	to hand over
распако́вывать/распакова́ть	to unpack
фильм у́жаса	horror film

Обсудите с партнёром, потом в группе:

Вы любите фильмы ужаса?
Почему/нет?
Что вы предпочитаете, ходить в
   кино или брать кассеты в местном
   магазине и смотреть дома?

❄ Грамматика – что надо знать?

ASPECTS

Virtually all Russian verbs have two ASPECTS - the IMPERFECTIVE and the PERFECTIVE. When you encounter a verb in a vocabulary list, the imperfective is listed first.
"Simple" verbs of motion are the only notable exception - they have **2 imperfective** forms and a perfective: e.g. ходить/идти//пойти.

FORMATION

There is unfortunately no simple way of predicting what the perfective will be if we know the imperfective. We simply must always make sure that we learn both the imperfective and the perfective every time we learn a new verb. There are basically four ways of forming perfectives:

(i)	a prefix is added to the imperfective	платить/заплатить
(ii)	a change is made to the ending (suffix) of the imperfective	решать/решить
(iii)	the imperfective is shortened	отдавать/отдать
(iv)	a completely different verb is used (!)	говорить/сказать

USE

(i) The key to using aspects correctly is to remember that:
IMPERFECTIVES are used to convey **incomplete, continuing, repeated** or **habitual** actions: ...
когда я распаковывал/а вещи = when I was unpacking/ as I unpacked my things (*incomplete, continuing*)
PERFECTIVES are used to convey **single** or **completed** actions: Я нашёл (нашла) номер, устроился (устроилась) = I found my room, settled in (*single, completed actions*)

(ii) In terms of tenses, ASPECTS need concern us only in the past and future - the present is **always** imperfective.

(iii) It is important to consider ASPECTS when we are using INFINITIVES and IMPERATIVES.

With INFINITIVES, the normal criteria apply - e.g. if the action to be conveyed is *single or completed*, the perfective should be used: Ну, что, хочешь посмотреть фильм ужаса = Well then, do you want to watch a horror film?

There is an exception to the rule! After the following verbs, the imperfective infinitive is **always** used:
кончать/кончить = to finish
начинать/начать = to begin
продолжать/продолжить = to continue

➢

With IMPERATIVES the normal criteria also apply:

Пиши мне регулярно! = Write to me regularly!
Напиши список, а то забудешь! = Write a list, or else you'll forget!

However, a negative imperative is normally expressed by an imperfective:

Не опаздывай! = Don't be late!

Also, an imperfective imperative conveys more urgency than the perfective:

Отдай мне кошелёк! Отдавай! = Hand over the purse! Hand it over!

(iv) NB

There is a further noteworthy case concerning the choice of aspect - **if an action in the past has been "done and undone"** - i.e., if something has been done that no longer applies or exists at the time of speaking, the imperfective is used:

Позавчера я брал/а такой фильм, а на сегодня я взял/а другой = The day before yesterday I got a film like that (*but now I have taken it back*) but for today I have got another (*and here it is now!*)

This applies frequently to verbs of motion:

К тебе приходил друг = A friend came to see you (*and has gone away again*)
К тебе пришёл друг = A friend has come to see you (*and is still here*)

❄ Грамматика - чему мы научились?

2.7 *Новые телевизоры*

Из слов, данных в скобках, выберите подходящее слово на каждую фразу:

Работники южнокорейской фирмы «Самсунг» долго (работали/поработали) над сложной проблемой: как (содавать/создать) телевизор, который не должен (оказывать/оказать) вредное воздействие на здоровье человека. Наконец они (разрабатывали/разработали) специальное покрытие для кинескопа, а результаты длинного периода тестирования (оказывались/оказались) полной неожиданностью - под влиянием нового телевизора морские свинки (жили/пожили) в 1,2 раза дольше, чем свинки в нормальной среде. Массовое производство таких телевизоров (будет начинаться/начнётся) в конце лета.

Скоро все заводы фирмы (будут переходить/перейдут) на новую технологию.

влия́ние	influence
кинеско́п	television tube
морски́е сви́нки	guinea pigs
ока́зывать/оказа́ть вре́дное возде́йствие	to have a harmful effect
покры́тие	cover
произво́дство	production
создава́ть/созда́ть	to create

Новые телеканалы. Перепишите слова в скобках в нужной форме:

Недавно (появляться/появиться) новый независимый телеканал «ТВ 6 МОСКВА». Дебют «ТВ 6» (напоминать/напомнить) ранние телесеансы, когда зрители (смотреть/посмотреть) по своим маленьким телевизорам только новости, концерты и фильмы.

Октрытие «ТВ 6» (совпадать/ совпасть) с рождением ещё одного независимого коммерческого телевидения «Марафон ТВ». Генеральный директор этой компании (говорить/сказать) в интервью, что «Марафон» (начинать/начать) (работать/ сработать) уже месяц назад, а что в ближайшем будущем телепрограмма «Москва-ревю»

(начинать/начать) (выходить/выйти) в эфир ежедневно. Он (объяснять/ объяснить), что он только что (заключать/заключить) долго-срочный контракт с четвёртым каналом ТВ Великобритании.

вы́ходить/вы́йти в эфир	to go on air
долгосро́чный	long-term
заключа́ть/заключи́ть	to conclude
зри́тель (м.)	viewer
напомина́ть/напо́мнить	to remind
незави́симый	independent
рожде́ние	birth
совпада́ть/совпа́сть	to coincide

Обсудите в группе:

По-вашему, сколько телеканалов необходимо каждой стране? Почему? Как отличаются друг от друга телеканалы в Великобритании?

отлича́ться/отличи́ться (от + *род.*)	to differ from

➤ **2.8** Что идёт сегодня по радио? Прослушайте сообщения и напишите пропущенные детали.

12.30	«История человека» _____ передача.
14.00	Новости и _____ _____.
14.40	_____ о новом памятнике в Москве.
15.00	_____ садоводам.
15.25	_____ передача - в мире джаза.
16.00	Футбол _____ _____ - 2-ой тайм.
17.40	_____ - экономика и мы.
18.10	Олимпийский _____.
19.30	Международный _____ - «Парк им. Горького».
21.30	Голгофа - _____-_____.

➤ **2.9** *Прослушайте следующий репортаж и ответьте на вопросы по-русски:*

1. Когда было неинтересно смотреть телевизор утром?
2. Какой вид спорта можно было смотреть по телевизору утром?
3. Как журналист описывает телезрителя утром?
4. Почему всем нравятся новые утренние передачи?
5. Из чего состоят передачи?
6. Сколько стоит произведение искусства, которое можно купить на телеаукционе?
7. Вам кажется, что журналист доволен ситуацией? Почему/нет?

по каки́м причи́нам	for what reasons
произведе́ние иску́сства	work of art
телеаукцио́н	television auction
телезри́тель (*м.*)	(television) viewer

Обсудите с партнёром, потом в группе:

Нужны ли утренние передачи? Кому? Почему?

►2.10 *Прослушайте интервью. Ирина рассказывает о том, что читают в России. Она говорит на следующие темы, но в каком порядке? Сделайте список (1-9):*

	ТЕМЫ	1 - 9 ?
А	Почему люди читают	
Б	Газеты	
В	Телевизор	
Г	Современные авторы	
Д	Где читают	
Е	Сколько стоят книги, журналы	
Ж	Возраст читателей	
З	Образовательная ценность	
И	То, что предпочитает молодежь	

в настоя́щее вре́мя	at the present time
вы́бор	choice
заслу́живать/заслужи́ть (+ *род.*)	to merit, deserve
изда́ние	publication, edition
назва́ние	name, title
образова́тельная це́нность	educational value
по-пре́жнему	as previously
прила́вок	stall, counter
совреме́нный	modern, contemporary
цена́	price

2.11   *Посмотрите на рисунок!*

Обсудите с партнёром, потом в группе, как вы представляете себе жизнь журналиста?

2.12   *Что идёт с чем? Какие фразы идут вместе?*

1. Мы много раз
2. Они заключили контракт
3. Пока она смотрела в окно, он
4. Вы считаете нужным сразу
5. Мама напоминала об этом

А. спросил её о любимой передаче
Б. почти каждый день
В. обсуждали проблему пиратства
Г. ровно в пять часов вечера
Д. распаковать чемодан после приезда.

2.13   *Возможна ли жизнь без средств массовой информации?*

А. Благодаря телевидению, радио и газетам, мы можем быть в курсе дел. Благодаря современной технологии, мы знаем, что случается во всех концах мира ... и без всякой задержки. Разве можно жить без средств массовой информации? Прочтите следующий отрывок из повести «Кира Георгиевна» Виктора Некрасова; в отрывке речь идёт о матери Вадима - о том, как ей трудно жить без последних известий:

Кроме того, она слушала радио и в последние месяцы, когда кончились в приёмнике батареи, очень скучала. Сейчас они появились ... и Марья Антоновна совсем ожила. Она слушала все концерты, все художественные передачи, но важнее всего для неё были последние известия. Она не пропускала ни одних, начиная с шести утра, а прослушав, принималась задавать Вадиму вопросы, на которые он не всегда мог ответить.

благодаря́ (+ *дат.*)	thanks to
заде́ржка	delay
после́дние изве́стия	latest news
приёмник	radio (receiver)

Теперь составьте разговор между Вадимом и его мамой. В шесть часов утра она включила радио, чтобы послушать новости. Так как ей не слышно, она сделала погромче. Вадим просыпается из-за этого и жалуется.

сде́лать погро́мче	to make louder (turn up volume)
просыпа́ться/просну́ться	to wake up

Б. Конечно, когда мы думаем о средствах массовой информации, мы думаем не только о преимуществах, но и о недостатках. В прессе например, есть много «сенсационных» новостей, и, увы, журналисты не всегда уважают людей, о которых они пишут. Тем не менее, благодаря газетам, мы узнаём о том, что случается в нашей стране и за рубежом. Но есть у прессы ещё одна роль: если, например, вы хотите продать что-то, вы можете поместить объявление в газете. Но и здесь бывают проблемы. Редактор газеты не хочет поместить в газете ложные объявления, потому что такие объявления могут плохо влиять на репутацию газеты. Прочтите следующий отрывок из повести Н.В.Гоголя «Нос», и вы увидите, что такая проблема существует уже много лет. Если вы никогда не читали эту повесть, надо знать, что Ковалёв просыпается однажды утром, а (как ни странно!) у него сбежал нос; вместо носа, на лице у него только пустое место. Он, конечно, хочет найти свой нос и решает поместить объявление в газетах...

- Нет, я не могу поместить такого объявления в газетах, - сказал он, наконец после долгого молчания.
- Как? Отчего?
- Так. Газета может потерять репутацию. Если всякий начнёт писать, что у него сбежал нос, то... И так уже говорят, что печатается много несообразностей и ложных слухов.

ло́жный	false
недоста́ток	disadvantage
несообра́зность (ж.)	absurdity
печа́тать/напеча́тать	to print, publish
помеща́ть/помести́ть объявле́ние	to place an advertisement
преиму́щество	advantage
пусто́й	empty
слух	rumour (*here*)
уважа́ть (*несов.*)	to respect
увы́	alas

Обсудите в группе:

Вам кажется, что в наших современных газетах «печатается много несообразностей»? Какие газеты стоит/не стоит читать, по-вашему?

2.14 *Прочтите текст:*

ТЕЛЕРЕКЛАМА: НУЖНЫ ЛИ ОГРАНИЧЕНИЯ?

Рекламные ролики передают постоянно - и днём, и вечером. Нужны ли ограничения в телерекламе, особенно если у экрана сидят дети? Во многих странах уже есть ограничения. Напрмиер, в Австрии максимальное время под рекламу - 20 мин./час, запрещается реклама табачных изделий, алкоголя, лекарств; во Франции максимальное время под рекламу: 12 мин./час, кроме табака, спиртного, медпрепаратов, нельзя рекламировать также книги, журналы, фильмы и большие универмаги. В большинстве стран нельзя рекламировать политические и религиозные организации.

Какие суммы платят за рекламу по телевизору? Сколько стоит, например, 30-секундный рекламный ролик? Дешевле всего в Албании (250 долларов за 30 секунд); в Болгарии 700 долларов, в России 4000 долларов, в Польше 9000 долларов. У ведущих телекомпаний западных стран эти цифры гораздо выше.

веду́щий	leading
запреща́ться/запрети́ться	to be forbidden
лека́рство	medicine
ограниче́ние	limit, restriction
передава́ть/переда́ть	to broadcast
постоя́нный	constant
рекла́мный ро́лик	advertisement
таба́чные изде́лия	tobacco products

Теперь ответьте на следующие вопросы:

А. *Прочтите каждое утверждение и укажите, правильно, неправильно или неизвестно:*

Дети смотрят рекламу чаще, чем взрослые.
В Австрии передают больше рекламных роликов, чем во Франции.
Во многих странах можно рекламировать политические партии.
Телереклама дороже всего в России.

Б. *Объясните своими словами по-русски значение следующих фраз:*

а. максимальное время
б. запрещается реклама алкоголя

в. дешевле всего
г. ведущая телекомпания

B. *Посмотрите на рекламу и объясните, что здесь рекламируют и обсудите с партнёром:*

- это эффективная реклама? Почему/нет?
- что эффективнее: телереклама или газетная реклама?
- составьте свой рекламный ролик пылесоса

КЛЮЧЕВЫЕ СЛОВА

ПРЕССА

газе́та (вече́рняя)	newspaper (evening)
журна́л	magazine
журнали́ст	journalist
заголо́вок	headline
замеча́ние	comment
карикату́ра	cartoon
ко́миксы	comic
корреспонде́нт	correspondent
кроссво́рд	crossword
но́вости	news
но́мер (сегодня́шний)	edition (today's)
объявле́ние	announcement; advertisement
печа́ть (ж.)	press
пре́сса	press
реда́ктор	editor
реда́кция	editorial office/staff
рекла́ма	advertising
репортёр	reporter
реце́нзия	review
сове́т по дела́м пре́ссы	press council
статья́	article
цензу́ра	censorship
чита́тель (м.)	reader

ТЕЛЕВИДЕНИЕ

видеока́мера	video camera
видеомагнитофо́н	video recorder
включа́ть/включи́ть	to switch on
выключа́ть/вы́ключить	to switch off
ди́ктор	announcer
документа́льный фильм	documentary film
ка́бельное телеви́дение	cable television
кана́л	channel
микрофо́н	microphone
мультфи́льм	cartoon

мы́льная о́пера	soap opera
опера́тор	cameraman
параболи́ческая анте́нна	satellite dish
передава́ть/переда́ть	to broadcast
переда́ча	programme
после́дние изве́стия	latest news
приём	reception
програ́мма	programme/channel
продю́сер	producer
пряма́я переда́ча	direct/live broadcast
ра́дио (по ра́дио)	radio (on the radio)
сериа́л	series/serial
слу́шатель (*м.*)	listener
снима́ть/снять	to make (e.g. a film), to take (e.g. a photograph)
спу́тниковое телеви́дение	satellite television
телеведу́щий	television presenter
телеви́дение (по телеви́дению)	television (on television)
телеви́зор (что идёт по телеви́зору?)	television (what's on television?)
телезри́тель (*м.*)	(television) viewer
телема́н	television addict
экра́н	screen
эфи́р (в эфи́ре)	air (on air)

3. БИЗНЕС

3.1   *Обсудите с партнёром, потом в группе:*

Что такое бизнес?

Что такое бизнесмен?

Вы хотели бы заниматься бизнесом? Почему/нет?

Если да, то какой бизнес вас привлекает?

Какие качества нужны бизнесмену? - выберите из следующего списка:

лень (ж)

организованность

рассеянность

решительность

трудолюбие

рассе́янность	absentmindedness
трудолю́бие	industriousness

3.2   *Какой, по-вашему, рабочий день типичного бизнесмена? Посмотрите на рисунок, потом обсудите с партнёром или в группе:*

Почему Галина Сергеевна не может
идти в кинотеатр с друзьями
завтра вечером?

3.3 *Галина пишет письмо маме, в котором она объясняет, почему она не сможет быть дома 31-ого марта (день рождения мамы). Прочтите письмо, потом напишите ответ её мамы.*

Тверь, 27ое марта

Милая мамочка!

Я пишу тебе, как всегда, в спешке. Я только что узнала, что завтра придётся поехать в Архангельск на совещание. Конечно, не хочу, но ... что делать? Не могу упустить возможность заключить контракт вовремя. Я вернусь оттуда 2-ого апреля. Прости, мамочка, что я не буду с тобой 31-ого марта. Я позвоню тебе, как только приеду в Архангельск.

      Целую,

        Галя

в спе́шке	in a hurry
заключа́ть/заключи́ть	to conclude
как то́лько	as soon as
совеща́ние	meeting
упуска́ть/упусти́ть возмо́жность	to miss an opportunity

➤**3.4** *До отъезда, Галина слушает все сообщения на автоответчике. Среди них есть сообщение от её секретаря, со всеми деталями командировки. Прослушайте сообщение и впишите пропущенные детали:*

В Архангельске ＿＿＿ встретит в аэропорту Алексей Павлович Соломатин, заведующий ＿＿＿＿＿＿ архангельским магазином «Комфорт». Он подвезёт вас в ＿＿＿＿＿ «Люкс». Совещание ＿＿＿＿＿ 29-ого марта в 11 часов. От Соломатина пришёл факс, ＿＿＿ ＿＿＿＿＿＿ он сообщает, что хочет поговорить с вами о ＿＿＿＿＿ на товары. У него такой ＿＿＿＿ : разве эти цены реальны?

автоотве́тчик	answerphone
заве́дующий	manager
командиро́вка	business trip
пропуска́ть/пропусти́ть	to miss
това́р	product, goods

34

3.5 *Галине надо быстро узнать, что такое магазин «Комфорт». Она звонит сотруднику, Игорю Петровичу, чтобы посоветоваться. Прослушайте то, что он говорит и запишите то, что она узнаёт.*

совéтоваться/по-	to consult
сотрýдник	colleague
узнавáть/узнáть	to find out

ВОПРОСЫ ГАЛИНЫ
На какой улице находится магазин?
Какие магазины находятся рядом?
Сколько времени Соломатин заведует магазином?
Что там продаётся, кроме одежды?
Откуда Соломатин узнал о наших товарах?

✽ Грамматика - что мы знаем?

3.6 *После распада Советского Союза и в течение процесса приватизации русской промышленности, все граждане Российской Федерации получили «ваучер», который можно было продать или инвестировать. Прочитайте следующую рекламу, которая появилась в то время. Выберите подходящий глагол из пары в скобках и перепишите в правильной форме будущего времени:*

В будущем, что вы (делать/сделать)? Вы (решать/решить) купить акции и продать ваучер? Вы (вкладывать/вложить) чек в инвестиционный фонд? Такие вопросы вы (мочь/смочь) обсудить и, наконец, (решать/решить) судьбу вашего ваучера в новом инвестиционном клубе. Когда вы (приходить/прийти) в клуб, всё (быть) хорошо. Местом встречи (служить/послужить) ближайший Дом культуры. Каждому можно (быть) прийти сюда и обсудить, что его заинтересовало из вопросов российской приватизации.

В таких клубах мы (давать/дать) советы по финансовым проблемам. Наши эксперты (помогать/помочь) бабушкам и дедушкам понять экономические проблемы общества. Членство клуба (давать/дать) реальную возможность получать и использовать информацию.

Обо всём этом (заботиться/позаботиться) члены клуба, которому вы (отдавать/отдать) свой выбор. Когда вы (посещать/посетить) клуб, все ваши финансовые проблемы (исчезать/исчезнуть)!

а́кция	share
ва́учер	voucher (issued by state)
забо́титься/по-	to take care of, be concerned about
испо́льзовать (*несов. и сов.*)	to use
исчеза́ть/исче́знуть	to disappear
о́бщество	society
отдава́ть/отда́ть	to hand over
посеща́ть/посети́ть	to visit
сове́товать/по-	to advise
судьба́	fate
чле́нство	membership

Обсудите с партнёром, потом в группе:

Вам кажется, что автор этого отрывка оптимист или пессимист? Почему? Представьте, что бабушка вашего русского друга/вашей русской подруги по переписке получил/а ваучер. Напишите короткое письмо с советами о том, что надо сделать с ваучером.

✳ **Грамматика – что надо знать?**

THE FUTURE TENSE

The future tense in Russian is quite straightforward, but is affected by a choice of aspects. Just as in the past tense, in the future you need to decide what type of action is being described:

➜ (to be) REPEATED, CONTINUING, INCOMPLETE action (*imperfective*)

➜ SINGLE, (to be) COMPLETED action (*perfective*).

If you want to emphasise **completion** of a single action, you must use the perfective; if, however, you want to emphasise **repetition** of the action or **continuation** of the action over a long period (e.g. in a description), you will use the imperfective.

Обо всём этом будут заботиться (over a long period) члены клуба, которым вы отдадите (single completed action in the future) свой выбор.

Once you have made this decision, the formation of the future tense is as follows:

IMPERFECTIVE FUTURE		PERFECTIVE FUTURE
я буду		
ты будешь		
он/а/о будет	+ IMPERFECTIVE	"Present" tense of perfective
мы будем	INFINITIVE	infinitive
вы будете		
они будут		
Сотрудник будет звонить каждый день		Галина позвонит маме в среду.

IN ADDITION, you need to be careful about **HIDDEN FUTURES**, which English does not always show clearly, but Russian does:

Когда вы придёте в клуб, всё будет хорошо is really telling you about **two** actions in the future: When you **will** get to the club all will be well ...

✳ **Грамматика – чему мы научились?**

3.7 *Русский бизнесмен поехал в Лондон в первый раз в четверг и написал об этом в дневнике в субботу. В среду, до отъезда, он поговорил с умной цыганкой, которая предсказала всё, что с ним будет случаться. Перепишите текст, как будто вы - цыганка («Завтра вы поедете из Москвы в Лондон...»):*

Я полетел в Лондон из Москвы. Я вылетел в 10 часов утра и прилетел в Хитроу в 10.25 по местному времени. Я получил багаж, прошёл через паспортный контроль в таможню, вышел из аэропорта и долго искал такси.

Наконец я поймал такси и мы ехали час в центр Лондона. По пути я с интересом смотрел в окно на английский пейзаж. Я разговаривал с таксистом о погоде (как всегда с англичанами!) Когда мы приехали в гостиницу, я заплатил за такси и прошёл регистрацию. Я получил ключ от номера, поднялся на лифте на четвёртый этаж, вошёл в номер и распаковал вещи из чемодана. Я устал, итак довольно долго смотрел телевизор и отдыхал. Пока я отдыхал, я поужинал и в девять часов я пошёл в бар, чтобы встретиться с английскими друзьями. Мы разговаривали часа два, пили пиво с лимонадом, и я вернулся в гостиницу после одиннадцати. Я быстро умылся, разделся и лёг спать. Я очень хорошо спал, встал рано на следующее утро, позавтракал в гостинице и поехал на первую встречу с местными бизнесменами в 9 часов утра.

цыга́нка	gipsy
ме́стный	local
поднима́ться/подня́ться	to go up
по пути́	on the way
тамо́жня	customs

«Успешный бизнесмен, который часто посещает другие страны и общается с иностранными бизнесменами, должен знать по крайней мере три иностранных языка.» Вы согласны? Почему/нет?

обща́ться	to spend time with
по кра́йней ме́ре	at least
успе́шный	successful

В СЛУЧАЕ АВАРИИ

Выберите подходящий глагол из пары в скобках и перепишите в правильной форме будущего времени:

У российских автовладельцев есть только одна гарантия в случае аварии, - право шутить над своей бедой! Московские водители отвечали по-разному на вопрос «Если у вас завтра будет авария, что вы (делать/сделать)? Одни говорили: «При сегодняшних ценах я (бросать/бросить) машину до лета; другие: «я (стараться/постараться) стать в очередь на ремонт»; третьи: «не знаю, что я (делать/сделать)!»

А может быть скоро будет выбор. Скоро (открываться/открыться) первое в Москве авторемонтное предприятие «Гагарин-Лада». Глава предприятия говорит: «На следующей неделе мы (подписывать/подписать) контракт с известным московским заводом, потом мы (строить/построить) комплексный центр автообслуживания. Не (жалеть/пожалеть) деньги на компьютеры. Когда предприятие (становиться/стать) богаче, мы (работать/поработать) не только в Москве - мы (открывать/открыть) филиалы в других городах.

ава́рия	accident
беда́	misfortune
владе́лец	owner
глава́	head
жале́ть/по-	to begrudge
подпи́сывать/подписа́ть	to sign
пра́во	right
предприя́тие	enterprise
филиа́л	branch
шути́ть/по-	to joke

Почему бизнесмену нужен надёжный автомобиль? Вам кажется, что большинство бизнесменов предпочитает ездить автомобилем? Почему/нет?

➤3.8 A

Прослушайте сообщения: что можно купить где? Запишите данную информацию о каждой фирме.

ФИРМА
Серёжка
ЛВО
Таврия
Нидерланд
Инкомпьютер

➤**3.8 Б**

Прослушайте сообщение и решите: правильно или неправильно?

1.	Каждый год в море поступает большое количество новой воды.
2.	В мировой океан идёт только грязная вода.
3.	Айсберги находятся и на севере, и на юге планеты.
4.	Айсберги могут быть только опасными.
5.	Учёные начали заниматься проблемой айсбергов только недавно.
6.	В России одна фирма уже умеет транспортировать айсберги.

➤**3.8В**

Прослушайте интервью. Пётр рассказывает о бизнесе в России. Ответьте на вопросы на родном языке:

1. How does Pyotr define a Russian businessman?
2. With which countries do Russian businessmen trade?
3. What do they (a) import and (b) export?
4. What role do women now play in Russian business?
5. According to Pyotr, what is the stereotypical image of a Russian businessman?
6. What does he say about the Russian mafia?

во главе́ (+ *род.*)	at the head of
любо́й	any
напи́ток	drink
охра́нник	bodyguard
приро́дные ресу́рсы	natural resources
торго́вля	trade

➤ **3.8Г**

Прослушайте окончание интервью. Пётр рассказывает о дореволюционных и о современных бизнесменах. Прочтите вопросы и выберите правильные ответы:

1. Третьяков отдавал большое количество денег на строительство
   - а) завода и метро
   - б) библиотеки и галереи
   - в) центральной больницы

2. Современные бизнесмены вкладывают деньги в
   - а) строительство фабрик
   - б) модернизацию телевизионных станций
   - в) спортивные команды

3. Теперь богатые русские бизнесмены
   - а) вывозят искусство из России
   - б) возвращают искусство в Россию
   - в) не интересуются искусством

4. Если молодой русский станет бизнесменом, родители будут
   - а) сердиться
   - б) плакать
   - в) радоваться

вкла́дывать/вложи́ть (в +*вин.*)	to invest
знамени́тый	well-known
ли́чность (ж.)	personality
осно́вывать/основа́ть	to found
поколе́ние	generation
положи́тельный	positive
предприи́мчивый	enterprising
промы́шленность (ж.)	industry
рекла́ма	advertising
со́бственный	own (*adj.*)
строи́тельство	building, construction

41

3.9 *Что они будут делать? Выберите подходящий план для каждого из этих людей:*

1. Новый ученик	А. Будет работать усердно. Может быть, станет богатым
2. Турист за границей в первый раз	Б. Сразу пойдёшь в магазин и купишь что-нибудь
3. Основатель новой компании/фирмы	В. Будет волноваться, но скоро познакомится с незнакомой школой
4. Учитель русского языка	Г. Увидит, как живут иностранцы и узнает о другой культуре
5. У твоего друга день рождения и ты забыл/забыла	Д. Каждый год будет работать с новыми молодыми людьми

3.10 *Выберите подходящий глагол из пары в скобках:*

1. Когда я (буду выигрывать/выиграю) лотерею, я (буду покупать/куплю) большой дом и новую машину и больше не (буду работать/поработаю).

2. Сегодня вечером, когда гости (будут приходить/придут), мы долго (будем говорить/поговорим) о планах на каникулы, пока (будем слушать/послушаем) музыку.

3. Послезавтра мы (будем ехать/поедем) в центр на автобусе и (будем ходить/пойдём) по магазинам всё утро.

4. В конце месяца он (будет получать/получит) деньги из банка и потом (будет начинать/начнёт) заниматься бизнесом сразу.

5. В марте (будешь возвращаться/вернёшься) в Пермь, где (будешь заниматься/займёшься) финансовыми делами.

3.11 *Вы хотели бы стать вождём или помощником?*

A. Посмотрите на рисунок. Вы узнаёте людей, которые несут банан? Кто они? А почему они несут банан? Прочтите текст!

Что такое вождь? ... или ... Любите ли вы бананы?

Американские и немецкие ученые доказали, что основное качество вождя - отсутствие страха и низкое содержание гормонов стресса в организме. Но главное качество - это способность заключать компромиссы.

Вожди, доказывают учёные, всегда опытные лжецы. Во время эксперимента группу детей и взрослых просили выпить горький напиток, пытаясь придать лицу такое выражение, будто это очень вкусно. Потом во время импровизированного кризиса участники, которым удалось скрыть свой страх, показали себя способными организаторами.

Путём таких экспериментов и многочисленных анализов, учёные доказали, что способности к вождизму определяются наличием в крови гормона «серотонина». Серотонин содержится в бананах, вот почему бананы нужны менеджерам!

вождь (*м.*)	leader
выраже́ние	expression
кровь (*ж.*)	blood
лжец	liar
многочи́сленный	numerous, many

нали́чие	presence
основно́й	basic
отсу́тствие	absence
содержа́ться	to be contained
учёный	scientist, scholar

*Какая разница между вождем и помощником? Вы хотели бы быть вождём
или вы предпочитали бы быть помощником? Почему?*

*Какие самые главные качества у помощника? Выберите из следующих
и объясните, почему вы считаете их самыми важными качествами:*

желание и способность советовать лидеру

организованность

ответственность

решительность

способность делать вид, как будто нет кризиса

способность лгать

терпение

трудолюбие

честность

де́лать вид	to pretend
лгать/со-	to lie
трудолю́бие	industriousness
че́стность (ж.)	honesty

*Вы решили стать менеджером! Надо подать заявление - напишите письмо
директору компании. Объясните, почему вы хотите стать менеджером. Не
забудьте подчеркнуть свои качества!*

подава́ть/пода́ть заявле́ние	to apply (for a job)
подчёркивать/подчеркну́ть	to emphasise

Б. Не всем удаётся заниматься выбранной им профессией. Михаил Зощенко
пишет об одном таком человеке в повести «Люди». В молодости Иван Иванович
Белокопытов занимался благотворительностью и изучением иностранных
языков, а позже в жизни он стал приказчиком в магазине - к этой работе он
относился с большим энтузиазмом:

44

Иван Иванович поступил в кооператив *«Народное благо»*.

Иван Иванович вставал теперь чуть свет, надевал свой уже потрёпанный костюм, и, стараясь не разбудить своей жены, на цыпочках выходил из дому и бежал на службу. Он приходил туда почти всегда первым и стоял у дверей по часу и больше, дожидаясь, когда, наконец, придёт заведывающий и откроет лавку. И, выходя из лавки последним, вместе с самим заведывающим, он, торопливо шагая и прыгая через канавы, шёл домой...

Дома, захлёбываясь и перебивая самого себя, он говорил жене о том, что эта работа ему совершенно по душе, что лучшего он и не хочет в своей жизни и что быть хотя бы приказчиком это не так позорно и унизительно...

благотвори́тельность (ж.)	charity
заве́дывающий	manager
захлёбываться/захлебну́ться	to choke
кана́ва	ditch, gutter
ла́вка	shop (*obsolete*)
на цы́почках	on tiptoe
по душе́	to one's liking
позо́рный	shameful
потрёпанный	threadbare, shabby
прика́зчик	shop assistant (*obsolete*)
пры́гать/пры́гнуть	to jump
унизи́тельный	humiliating
шага́ть	to step, stride, pace

Вам не кажется, что Иван Иванович - трудаголик?

Жена Ивана Ивановича, Нина Осиповна, мечтает о том, что в будущем они будут торговать сами - он за прилавком, а она (грациозная и слегка напудренная) за кассой. Составьте разговор между Ниной и Иваном, в котором они говорят о том, что будет, когда они откроют свой небольшой кооператив.

Прослушайте сообщение и ответьте на вопросы:

Сумма денег, которую фирма «Пепси-Кола» потратила	.... долларов
Где находятся Филиппины?	.... - .... Азии
Когда начался кошмар?	.... мая
Приз был для того, у кого	.... с номером 349
Проблема возникла из-за	ошибки ....
В результате ошибки, что упало?	.... «Пепси»

возника́ть/возни́кнуть	to arise
тра́тить/по-	to spend (money)

Прослушайте сообщение ещё раз, потом переведите следующий отрывок на русский язык:

"After the beginning of the new publicity campaign sales will climb and the market share will reach 20%," said the head of the new joint enterprise. "Then, as a sign of goodwill, we will announce a game that customers will be able to play every week, with a prize of a million roubles."

Вот ключевые слова к этому упражнению:

глава

добрая воля

доля

достигать/достигнуть

объявлять/объявить

рынок

совместное предприятие

Представьте, что вы выиграли миллион долларов США. Напишите письмо русскому другу, о том, что вы сделаете с этими деньгами.

3.13 *Прочтите внимательно следующие слова и определения. Определения в неправильном порядке. Выберите подходящее определение каждому слову!*

СЛОВА	ОПРЕДЕЛЕНИЯ
1. завершение	А. человек, который работает с другими людьми
2. кадр	Б. отдать что-либо и получить вместо него другое
3. краткосрочный	В. деньги, которые студенты получают
4. обмен	Г. когда студенты заканчивают учёбу
5. обширный	Д. когда кто-либо заботится о другом человеке, даёт ему деньги и т.д.
6. опыт	Е. одна отдельная область работы, фирмы
7. отрасль (ж.)	Ж очень большой по количеству или по содержанию
8. поддержать	З. персонал, состав работников
9. рыночная экономика	И. практические знания, умения; то, что вы знаете после многих лет работы
10. сотрудник	К. на короткое время
11. стажировка	Л. система, в которой торговля играет самую важную роль
12. стипендия	К. период учёбы или практики

Прочтите следующий текст и ответьте на вопросы:

Одним из символов рыночной экономики в России становится работающий студент. Стипендии небольшие, а родителям трудно поддержать детей.

Подавляющее большинство студентов сейчас работает в коммерческих структурах. Это касается не только юристов, экономистов, программистов, но и представителей других технических специальностей - коммерческим фирмам необходимы эксперты по самым различным отраслям: автомобили, металлы, нефтепереработка, химия и т.д.

Мировой опыт показывает, что серьёзные фирмы помогают студентам, начиная со второго или третьего года обучения. Помощь выражается в стипендиях и в том, что студентам гарантируется работа после завершения образования.

Крупные фирмы заботятся о росте молодых кадров и часто организуют учёбу для сотрудников. *Инкомбанк*, например, регулярно отправляет в краткосрочные стажировки за рубеж группы специалистов. Контакты с западными школами становятся все обширнее, идет широкий обмен преподавателями.

Правильно, неправильно или неизвестно?
1. Ныне студенты получают больше денег во время учёбы, чем получали в прошлом.
2. Студенты работают во многих разных фирмах.
3. Коммерческим фирмам нужны программисты.
4. Если фирма помогает студентам, это значит, что она не оказывает им поддержку.
5. *Инкомбанк* ничего не делает, чтобы помочь молодым кадрам.

Объясните своими словами следующие слова (по-русски!):
1. подавляющее большинство
2. необходимы эксперты
3. гарантируется работа
4. крупные фирмы
5. обмен преподавателями

Обсудите с другими членами группы:
1. Вам кажется, что студенту хорошо или плохо работать в «коммерческих структурах»? (Почему?)
2. Почему контакты с западом нужны русским студентам?

Представьте, что вы студент в России. Напишите письмо другу о студенческой жизни.

а́кция	share
вкла́дывать/вложи́ть	to invest
вождь (м.)	leader
глава́	head
до́ля на ры́нке	market share
заве́дующий	manager
заключа́ть/заключи́ть	to conclude (e.g. a contract)
ка́чество	quality
командиро́вка	business trip
компью́терная оши́бка	computer error
контра́кт	contract
лень (ж.)	laziness
ме́неджер	manager
нача́льник	boss
о́трасль (м.)	branch
па́дать/упа́сть	to fall
подава́ть/пода́ть заявле́ние	to apply, submit an application
подпи́сывать/подписа́ть	to sign
покупа́тель (м.)	buyer
покупа́ть/купи́ть	to buy
помо́щник	assistant
при́быль (ж.)	profit
продава́ть/прода́ть	to sell
продава́ться/прода́ться	to be sold
реши́тельность (ж.)	decisiveness
ры́нок	market
совеща́ние	meeting
сотру́дник	colleague
това́р	product, item for sale
тра́тить/по-	to spend
трудолю́бие	industriousness
устра́иваться/устро́иться на рабо́ту	to get a job
филиа́л	branch
цена́	price

4. ИСКУССТВО

4.1 *Обсудите с партнёром, потом в группе:*

Вы предпочитаете живопись или
скульптуру? Почему?
Вы любите абстрактные картины,
или вы предпочитаете пейзажи,
портреты?
Вы любите современную
скульптуру? Почему? Или, может
быть, вы предпочитаете
традиционные памятники и
статуи?
Вы сами занимаетесь рисованием
или скульптурой?

Вы предпочитаете балет или
оперу? Почему?
Вы играете на каком-ниудь
инструменте? (в оркестре? в
ансамбле? в группе?)
Вы любите классическую музыку?
Кто ваш любимый композитор?
Какую музыку вы предпочитаете
(джаз? поп/рок-музыку?)

жанр	genre
жи́вопись (ж.)	painting
иску́сство	art
пейза́ж	landscape
по́весть (ж.)	short story, novella
рисова́ние	drawing, painting
сра́внивать/	to compare
сравни́ть	
стихи́ (мн.)	poems
худо́жник	artist

Вы много читаете? Какой ваш любимый жанр?
Вы предпочитаете повести, пьесы, романы или стихи? Почему?
По вашему мнению, что лучше - читать пьесу или смотреть пьесу в театре?
Вы сами пишете? Если да, что вы пишете? Если нет, почему вы не пишете?
По-вашему, труднее работать композитором, писателем, скульптором или
художником? Или вам кажется, что нельзя их сравнивать?

4.2 *Посмотрите на рисунок. Название рисунка «Одиночество». Опишите рисунок. По-вашему, художник выбрал подходящее название своему рисунку?*

➤**4.3А**

Прослушайте объявления о трёх экскурсиях для туристов и решите, кто из следующих четырёх туристов должен выбрать какую экскурсию (то есть один из них ничего не выбирает...).

Света: ничего не понимает в живописи, но очень интересуется древне-греческим искусством и древними русскими иконами.
(Выбирает экскурсию № ....)

Петя: уже двадцать лет занимается скрипкой. Очень интересуется симфоническими оркестрами, очень любит вокальное пение.
(Выбирает экскурсию № ....)

Саша: очень несерьёзный человек; терпеть не может трагедии, оперы и балеты, но очень любит комедии и спектакли.
(Выбирает экскурсию № ....)

Аня: очень любит классику; часто посещает театр и очень интересуется русскими драматургами девятнадцатого и двадцатого веков.
(Выбирает экскурсию № ....)

➤ **4.3Б**

Теперь, прослушайте заметки о карьере знаменитой русской балерины, Майи Плисецкой и решите - правильно, неправильно или неизвестно?

В марте 1934-ого года Плисецкая сдала балетный экзамен
Она считает балет «Лебединое озеро» очень трудным
Из всех театров она предпочитает парижские
Она замужем

4.4 *Составьте диалог!*

Ольга, которая очень увлекается живописью, приглашает Виктора на выставку современных абстрактных картин. Виктору, который очень увлекается спортом, ужасно скучно. После посещения выставки он откровенно высказывает своё мнение.

высказывать/ высказать своё мнение	to express one's opinion

❄ Грамматика – что мы знаем?

4.5 *Прочтите текст и перепишите слова в скобках в правильной форме:*

В книге «*Мир на кончиках пальцев*» рисунки, сказки, рассказы, (который) написали дети из детского дома слепоглухонемых. Книга, (который) напечатало издательство *«Воскресенье»*, пользуется большой популярностью.

Это может показаться невероятным, но дети, (который) практически не видят, у (который) только 1-2 процента зрения, действительно рисуют себя, своих друзей, дома и т.д. В мире, о (который) они рассказывают своими рисунками и сказками, есть яркие цвета, доброта и улыбки. Весёлое настроение, (который) царит в детском доме, отражается в их рисунках и рассказах. Дети общаются друг с другом кончиками пальцев, с помощью языка, (который) специально сделали для слепоглухонемых. Комнаты, в (который) дети работают, светлые и весёлые. На 98 детей работают 100 учителей, (который) все опытные, высококвалифицированные педагоги.

зре́ние	sight
изда́тельство	publishers
ко́нчик	tip
настрое́ние	mood
обща́ться	to communicate
отража́ться/отрази́ться	to be reflected
па́лец	finger
педаго́г	teacher
печа́тать/на-	to print, publish
по́льзоваться популя́рностью	to be successful, enjoy success
по́мощь (*ж.*)	help
слепоглухонемо́й	deaf-blind
цари́ть	to reign
я́ркий	bright

❄ Грамматика – что надо знать?

КОТОРЫЙ – The Relative Pronoun

The way that Russian says linking words like "**who**" and "**which**", and in some cases "**that**" is to use the relative pronoun *который* for all of them.

Который is, in fact, an adjective and so has masculine, feminine and neuter singular and plural endings for all six cases.

To decide on its **ending** in a given sentence, it is necessary to decide **which word** *который* is replacing in order to determine its gender and number, and **what grammatical part** the replaced word would have been playing in the *который* part of the sentence to decide the **case** into which *который* goes.

For example:

> *The person works in the town centre + The person is reading the newspaper*
> > **BECOMES**, with the help of a linking word:
> > *The person who is reading the newspaper works in the town centre.*

To translate the **who** in this last, linked sentence, we use *который* in the "who is reading" part of the sentence. The linking word **who** replaces *person* - человек - so is **masculine singular**. Within the *который* part of the sentence *person* would have been the **SUBJECT** of the verb *reading*, so the case needed is the **NOMINATIVE**.

> *Человек работает в центре города + Человек читает газету.*
> > **ВМЕСТЕ**, с помощью связывающего слова:
> > *Человек, который читает газету, работает в центре города*

Another example:

> *That's what the unusual book is called + The children wrote the book*
> *Так называется необычная книга + Дети написали книгу*
>
> > ➡ *That's what the unusual book which/that the children wrote is called*
>
> > ➡ *Так называется необычная книга, которую дети написали.*

If the *который* part of the sentence involves a **PREPOSITION, the preposition** always goes **in front** of the linking word *который* . For example:

The children are practically blind + The children have only 1-2% vision.
Дети практически не видят. + У детей только 1-2 процента зрения

➜ *The children who have 1-2% vision are practically blind.*

➜ *Дети, у которых только 1-2 процента зрения, практически не видят.*

The rooms are bright and cheerful + Children live in the rooms
Комнаты светлые и весёлые + Дети живут в комнатах.

➜ *The rooms in which the children live are bright and cheerful*

➜ *Комнаты, в которых живут дети, светлые и весёлые.*

NB! When English uses **those who** and **everyone who**, Russian uses *те, кто* and *все, кто*, always followed by a **masculine singular** form of the verb next to *кто*.
   Те, кто здесь живёт, понимают друг друга.
   Все, кто здесь живёт, понимают друг друга.

When English uses **everything that**, Russian uses *всё, что*, followed by neuter singular verbs.
   Всё, что интересовало их.

❄ Грамматика – чему мы научились?

Перепишите слова в скобках в правильной форме:

   Светлана Дружинина - актриса, (который) стала режиссёром. Фильм, (который) она заканчивает сейчас, называется «Зимнее путешествие». Её жизнь, (который) она называет сумасшедшей, полна событиями. Всё время она думает о проблемах, (который) она должна решить и об условиях, при (который) она должна работать. Некоторые решения, от (который) зависит весь успех фильма, очень сложные. Практически всё время она думает о фильме, над (который) она работает. Это жизнь, к (который) она привыкла. Некоторые думают, что работа режиссёра не очень женская работа, но это мнение, с (который) Светлане трудно согласиться.

привыка́ть/ привы́кнуть	to get used to
режиссёр	director
собы́тие	event

сумасше́дший	mad
усло́вие	condition
успе́х	success

➤4.6A

Прослушайте интервью. Таня рассказывает о театре и кино. После интервью она заполняет анкету. Что она отвечает на вопросы?

АНКЕТА

Мы хотим узнать, что думают наши молодые покупатели. Какие у них вкусы? Какие у них требования? Пожалуйста, помогите нам! Ответьте на следующие вопросы:

Что вам нравится? Поставьте галочку:

  балет   галерея   кино   опера   театр

Что молодые любят смотреть в кино? _____

Что вы думаете об этом? _____

Вы считаете, что посещать кино стоит дорого? _____

Вы предпочитаете смотреть фильм в кино или на видео? _____

Вы считаете, что посещать театр стоит дорого? _____

С кем молодые обычно посещают кино? _____

Что вы думаете о современном кинобизнесе? _____

Назовите русский фильм, который вы смотрели недавно. _____

Почему вам нравится/ не нравится этот фильм? _____

Откуда вы узнаете о популярности киноактёров и киноактрис? _____

СПАСИБО ЗА ПОМОЩЬ!!!

второстепе́нный	second-rate
дешёвый	cheap
кровь (ж.)	blood
наси́лие	violence
одина́ковый	the same
преступле́ние	crime
произво́дство	production
содержа́ние	content (*noun*)
утомлённый	tired

➤**4.6Б** *Прослушайте объявление и запишите пропущенные детали:*

Из Петербурга в Москву _____ знаменитый на весь мир Малый драматический театр под _____ Льва Додина. Привезли пять _____ (гастроли продлятся до _____ ноября) на старой сцене Театра на Таганке. _____ чеховского «Вишнёвого сада» и трёх _____ спектаклей - инсценировка романа Достоевского «Бесы». Этот спектакль идёт целый день, с 12 часов до _____ вечера, в трёх частях.

гастро́ли (ж.)	tour
инсцениро́вка	adaptation (for stage or screen)

Обсудите с партнёром, потом в группе: вы видели хорошие инсценировки романов (в театре, кино или по телевизору)? Вы думаете, что лучше сначала прочитать роман, потом посмотреть инсценировку? Или наоборот? Почему?

4.7 *Что соответствует чему?*

А. Это новый ученик,	1. к которой вы идёте летом?
Б. Вот эта русская книга,	2. который недавно поступил в школу.
В. Я получила письмо от студентки,	3. через которую надо будет пройти.
Г. Где живёт ваша подруга,	4. которую папа купил вчера.
Д. Вы увидите дорогу,	5. у которой я жила летом.

4.8 *Сделайте одну фразу из двух:*

1. Он читал интересный роман. Толстой написал роман 100 лет назад.
2. Мы были на выставке в Москве. После выставки продали все картины.
3. Мои друзья советуют мне посмотреть фильм. До этого фильма режиссёр был неизвестным в России.
4. Учитель говорил нам об актёре. Он видел актёра по телевизору вчера.
5. Мой друг по переписке живёт в Петербурге. От него на прошлой неделе я получил письмо.
6. Вчера она купила книгу. Она хочет подарить её мне на день рождения.

4.9 *Что такое искусство?*

A.   Исскуство - это не только скульптура, портреты, пейзажи, музыка, опера, балет, поэзия, романы, но и сам процесс творчества (то есть когда человек рисует портрет, сочиняет стихи). Говорят, что настоящие художники никогда не думают о деньгах, а только о том, что они творят. В русской литературе часто пишут о том, как иногда бывает трудно художнику писать картины, или писателю писать книги, или композитору сочинять музыку.   В маленькой трагедии «Моцарт и Сальери» А.С.Пушкина, Сальери сердится на Моцарта и завидует ему, так как, кажется, музыка и творчество так легко даются Моцарту, тогда как Сальери сам должен много трудиться, чтобы сочинить музыку (может быть вы уже видели фильм *«Амадеус»* об этих двух композиторах). Когда Сальери говорит о том, как он сочиняет музыку, ясно, что у него систематический, даже упрямый подход к работе (он говорит, как будто музыка - математика, например он говорит об «алгебре гармонии»; но говоря о музыке Моцарта, он очень часто говорит о «гениях» и о «божестве»). А Моцарт ... это другое дело ... когда он говорит о своих сочинениях, он выражается обыкновенными словами, а если и говорит о «божестве», то только с иронией. Однажды, Моцарт приходит к Сальери, садится за фортепиано и играет новое сочинение...

	божество́	divinity
	выража́ться/ вы́разиться	to express oneself
Моцарт	глубина́	depth
Что ж, хорошо?	ему́ легко́ даётся	he finds it easy
Сальери	зави́довать/по-	to envy
Какая глубина!	подхо́д	approach
Какая смелость и какая стройность!	проголода́ться	to become
Ты, Моцарт, бог, и сам того не знаешь;	*(несов.)*	famished
Я знаю, я.	сме́лость *(ж.)*	daring
	сочине́ние	composition
Моцарт	сочиня́ть/	to compose
Ба! право? может быть...	сочини́ть	
Но божество моё проголодалось.	стро́йность *(ж.)*	proportion
	твори́ть/со-	to create
	тво́рчество	creation
	упря́мый	stubborn

Б.   Не менее трудно, должно быть, писать картины или лепить скульптуры. В повести *«Кира Георгиевна»* Виктор Некрасов пишет о молодом электрике, Юрочке, который познакомился со скульптором, Кирой Георгиевной, и её мужем на пляже, когда у них испортилась моторка, и впоследствии позировал Кире, когда она лепила свою скульптуру *«Юность»*. Муж Киры, Николай Иванович, знаменитый художник, много говорил с Юрочкой о живописи...

До знакомства с Кирой и Николаем Ивановичем Юрочка, по правде говоря, живописью не очень-то интересовался... в общем музеи он не любил - слишком много всего - в других же местах с живописью сталкиваться не приходилось. И вот столкнулся. И оказалось даже интересно... Когда же начинал говорить Николай Иванович, ему сразу становилось интересно, хотелось слушать, спрашивать. Они, например, два вечера просидели над одной только книгой про одного художника ... и даже про одну его картину. Юрочка был просто потрясён - Бог ты мой, сколько работы, какой труд, всю жизнь человек отдал ему... Перед Юрочкой открылся новый, совершенно незнакомый ему мир - мир искусства и в то же время мир напряжённой работы, борьбы, бунтов. Очень, оказывается, неспокойный мир.	борьба́ бунт впосле́дствии знако́мство лепи́ть/с- мото́рка напряжённый ока́зываться/ оказа́ться по пра́вде говоря́ по́ртиться/ис- потряса́ть/потрясти́ ста́лкиваться/ столкну́ться	fight, struggle revolt subsequently acquaintance to sculpt motor boat tense to turn out to be to tell the truth to be spoilt, out of order to shock, shake to bump into, to come across

Обсудите с партнёром или в группе: как отличается рабочая жизнь разных профессий?
Подумайте о следующих профессиях:

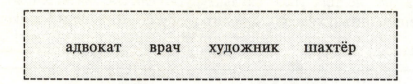

адвокат   врач   художник   шахтёр

Чем отличаются их:

место работы?
зарплата?
условия работы?
стресс на работе?
удовлетворение от работы?

Теперь напишите диалог между художником и шахтёром, или врачом, или адвокатом, в котором они сравнивают свои профессии.

➤**4.10**

Вы очень интересуетесь музыкой и вы посещаете дом-музей Чайковского в Клину. Там вы знакомитесь с экскурсоводом, который знает иностранные языки, но не очень хорошо. Он просит вас сделать резюме на вашем родном языке его сообщения о великом композиторе, потому что число зарубежных туристов, которые посещают музей, всё растёт, и он хотел бы читать своё сообщение на других языках для тех, кто не говорит по-русски. Прослушайте начало сообщения и сделайте резюме!

4.11 *Прочтите следующие слова и определения, которые в неправильном порядке. Выберите подходящее определение каждому слову!*

СЛОВА	ОПРЕДЕЛЕНИЯ
1. путь (*м.*)	А. делаешь это, когда говоришь, что можно сделать что-нибудь
2. звезда	Б. быть невесёлым, когда нет чего-нибудь
3. певец	В. все знают, во всём мире
4. приглашение	Г. когда артист ездит в разные места на концерты
5. принимать/принять	Д. дорога, путешествие
6. предложение	Е. когда дают возможность сделать что-нибудь
7. гастроли	Ж. решить, составить мнение
8. соотечественник	З. тот, кто живёт в твоей стране
9. обязательно	И. (*здесь*) очень популярный артист или популярная артистка
10. родной	К. надо, очень нужно
11. знаменитый	Л. получить, сказать «да»
12. судить	М. находится там, где родился
13. тосковать	Н. тот, кто поёт
14. включать	О. делать что-нибудь частью чего-нибудь

Теперь, прочтите текст о «русском Паваротти»:

Дмитрий Хворостовский за два года проделал путь от выпускника института искусств до мировой звезды. Ему было только 27 лет, молодой возраст для оперного певца, когда ему дали титул «Лучший голос года».

Потом пришли приглашения из самых престижных театров мира. Дмитрий принял предложение фирмы «Филипс», которая четвёртый год записывает его

61

голос и организует гастроли «русского Паваротти» по всему миру. У него мало возможностей петь для соотечественников: пара концертов в Москве, в Питере... и знаменитый сибиряк, который работает десять из двенадцати месяцев в год за границей, обязательно, один раз в год даёт концерт в родном городе в Сибири.

Можно судить по его репертуару, что Дмитрий тоскует по родине, когда он далеко от дома. Он всё чаще и чаще в последнее время включает русскую музыку в свои концерты. Иногда он отказывается от итальянских арий и отдаёт свой голос только русским композиторам.

Ответьте на следующие вопросы СВОИМИ СЛОВАМИ по-русски

1. Почему было удивительно, когда Хворостовский получил титул «Лучший голос года»?
2. Чем он занимается сейчас?
3. Что показывает, что он тоскует по России?
4. По вашему мнению, как ведёт себя человек, который тоскует? (напишите примерно 50 слов).

Найдите в тексте синонимы!

1. Сколько времени уходит на ДОРОГУ, когда ты едешь в Москву?
2. На конкурсе красоты получила ЗВАНИЕ «Мисс Россия» молодая москвичка.
3. Это интересные данные, которые надо РЕГИСТРИРОВАТЬ, чтобы не забыть их.
4. Этот певец ИЗВЕСТЕН во всём мире.
5. Его МУЗЫКАЛЬНЫЕ СПЕКТАКЛИ очень популярные.

Прочтите другой отрывок из статьи о Хворостовском. Пропущены 4 слова. Из слов, данных ниже, выберите походящее слово на каждую цифру.

Дмитрий (1), что его талант идёт от отца. «Папа мог бы (2) хорошим артистом, но проработал всю жизнь на заводе. Я пел с ним с самого раннего (3).» Родители хотели для молодого Дмитрия музыкальную карьеру, хотя в это (4) он думал чаще о большом футболе, чем о Большом театре.

атмосфера	*зонтика*	*работает*
возраста	*маленький*	*стать*
время	*останавливается*	*считает*
году	*период*	*указывают*

62

The opera club of the provincial town in Siberia where the world-famous singer was born decided to send him an invitation. This was his reply: "I have just received the invitation which you sent to me last week. Of course I miss my home town, my family and friends, whom I see rarely, because I spend most of the year abroad. I accept your invitation with pleasure!"

4.12 *Что, по вашему мнению, играет более важную роль в жизни - искусство или технология? Почему вы так думаете? Напишите 200 слов на одну из следующих тем:*

✛ Без технологии жизнь немыслима

например:
компьютер
телефон
факс
электричество

✛ Без искусства жизнь сера и скучна

например:
картины
книги
музыка
плакаты
театр
фотографии

немыслимый	unthinkable

КЛЮЧЕВЫЕ СЛОВА

арти́ст	performer
галере́я	gallery
гастро́ль (ж.)	tour
дирижёр	conductor; director
дра́ма	drama
жи́вопись (ж.)	painting, art
инсцениро́вка	adaptation (*for screen or stage*)
иску́сство	art
коме́дия	comedy
компози́тор	composer
лепи́ть/с-	to sculpt
музыка́нт	musician
наро́дный	national; folk (*e.g. song*)
орке́стр	orchestra
па́мятник	monument
певе́ц/певи́ца	singer
писа́тель (*м.*)	writer
поэ́зия	poetry
произведе́ние	work (e.g. *of art*)
рисова́ние	drawing, painting (*activity*)
рису́нок	drawing
ска́зка	fairy story
ску́льптор	sculptor
сочине́ние	essay, composition, work
сочиня́ть/сочини́ть	to compose, put together
спекта́кль (*м.*)	show
стату́я	statue
стихи́	poems
та́нец	dance
твори́ть/со-	to compose
тво́рчество	composition (*activity*)
траге́дия	tragedy
худо́жник	artist

5. МОЛОДЁЖЬ

5.1 *Обсудите с партнёром, потом в группе:*

Трудно обобщать, но тем не менее, по-вашему, какие самые типичные характерные черты современной молодёжи вашей страны?

Чем они интересуются?

Они экстроверты или интроверты?

Они эгоистичные материалисты или великодушные люди?

Они больше интересуются собой или другими?

Какие у них самые главные заботы?

Какие у них самые главные интересы и надежды?

Чем они отличаются от старших поколений (например от родителей, бабушек, дедушек)?

великоду́шный	generous
гла́вный	main
забо́та	concern
молодёжь (ж.)	youth
наде́жда	hope

обобща́ть/ обобщи́ть	to generalise
поколе́ние	generation
совреме́нный	modern
характе́рный	characteristic
черта́	feature

5.2 *Вот начало диалога. Допишите его!*

БАБУШКА:
Конечно, у тебя намного больше возможностей, чем было у нас. Мы должны были работать гораздо усерднее, чем молодые люди теперь. У нас денег постоянно не хватало.

ВНУК:
Бабуля, ты просто не понимаешь, какая у нас сегодня жизнь ...

постоя́нно	constantly
хвата́ть/ хвати́ть	to be sufficient

Чем занимаются «типичные молодые» в России? Прослушайте заметки Светланы, девятнадцатилетней студентки, и решите, правильно, неправильно или неизвестно:

Светлана не прочь помогать другим членам семьи

Она собирается стать переводчиком

Она начинает работу в семь часов вечера

Её заработок больше, чем мамин заработок

Нужно полчаса примерно, чтобы съездить к бабушке

Светлана приглашает друзей к себе домой, потому что

не любит ходить на дискотеки

веселѝться	to have a good time
замѐтка	comment
зáработок	pay
перевóдчик	translator/interpreter
сводѝть концы́ с концáми	to make ends meet

Чем отличается ваша жизнь от жизни Светланы? Какая самая существенная разница? Сначала обсудите с партнёром, потом напишите отчёт (около 100 слов) о самой существенной разнице.

➤5.3Б

Безусловно, образование играет огромную роль в жизни любого поколения. Прослушайте заметки одного дедушки, который говорит о том, как изменилось образование в России с тех пор, как он учился.

В каких областях произошли самые значительные изменения по его мнению? Выберите правильные ответы:

значи́тельный	significant
измене́ние	change
кра́йне	extremely
ли́чность (ж.)	personality
о́бласть (ж.)	sphere, area
образова́ние	education
пла́тная шко́ла	fee-paying school
развива́ть/разви́ть	to develop

Вам кажется, что ваша школа готовит вас к «жизни в 21-ом веке»? Почему/нет? Какой вы представляете себе жизнь ученика 21-ого века?

представля́ть/предста́вить себе́	to imagine

✳ Грамматика - что мы знаем?

5.4 *Перепишите слова в скобках в нужной форме:*

Официальные данные показывают, что 10% московских школьников (have tried = пробовать/по-) наркотики, хотя эта цифра, наверное, гораздо больше. И если раньше думали, что одного эксперимента над собой (would be = быть) достаточно для того, чтобы приобрести признание друзей, то сегодня молодёжь уверена, что (it is necessary = надо) пробовать как можно больше и самых разных наркотиков. Когда пробуешь, все согласны, что ощущения неприятные, но зато (you see = видеть/у-) сны такие, что истории про Фредди Крюгера (seem like = казаться/показаться) детскими рассказами. Такие вещи (happen = происходить/произойти), которые никто не забудет. Один мой друг попробовал какой-то препарат, когда он должен был поехать на дачу с семьёй. Он очень (was surprised = удивляться/удивиться), когда три дня спустя он проснулся в электричке и узнал, что уже (was going = ездить/ехать//поехать) домой.

Врачей часто спрашивают, (will bring = приводить/привести) ли многочисленные эксперименты к заметным изменениям в человеке. Обычно отвечают, что да. Говорят, что сердце, печень, почки и желудок (will work = работать/по-) не как прежде.

да́нные	data
желу́док	stomach
заме́тный	noticeable
зато́	on the other hand
каза́ться/по-	to seem
нарко́тик	drug
ощуще́ние	feeling
пе́чень (ж.)	liver

пока́зывать/ показа́ть	to show
по́чка	kidney
призна́ние	(*here*) acceptance
просыпа́ться/ просну́ться	to wake up
сон	dream
ци́фра	figure

Обсудите в группе: многие родители, бабушки, дедушки, думают, что молодые люди не понимают реальную опасность наркотиков. Вы согласны?

Что можно делать, чтобы убедить молодых людей, что опасно даже «попробовать» такие препараты? Представьте себе, что вы работаете в рекламном агентстве. Напишите резюме для шефа с предложениями на новую рекламную кампанию: НАРКОТИКАМ: НЕТ!

❋ Грамматика – что надо знать?

A. *INDIRECT STATEMENTS*

Indirect statements in Russian are usually introduced by ЧТО (that) - eg:

He said (that) *he was working* - Он говорил, что он работает.
They thought (that) *the bus was going to be late* - Они думали, что автобус опоздает
The reporter decided (that) *he was mistaken* - Журналист решил, что он ошибся.

Whereas in English *THAT* can sometimes be omitted, *ЧТО* must **always** be present in Russian.

In English we have to worry about what the tense in the Indirect statement is going to be (that he *was working;* that the bus *was going to be;* that he *was mistaken*). In Russian this is not the case. **The tense in a Russian indirect question is the same as the direct statement equivalent would be:**

e.g.   DIRECT STATEMENT   - One experiment will be enough
       INDIRECT STATEMENT   - They thought that one experiment **would be** enough
       DIRECT STATEMENT   - Одного эксперимента будет достаточно
       INDIRECT STATEMENT   - Думали, что одного эксперимента БУДЕТ достаточно

NB!! The English "would" in Indirect Statements is **NEVER** a conditional *бы* in Russian.

B. *INDIRECT QUESTIONS*

Indirect Questions are usually introduced by *WHETHER* in English (sometimes by *IF*). **The tense is the same as that of the direct question equivalent would be.**

e.g.   DIRECT QUESTION   - Do they understand?
       INDIRECT QUESTION   - Experts didn't know whether (if) they understood
       DIRECT QUESTION   - Они понимают?
       INDIRECT QUESTION   - Эксперты не знали, понимают ли они.

The procedure in an indirect question is to put a comma after the main verb (ie after *знали* in the example above), then to put the most important word in the question (usually a verb, but not always!) followed by *ЛИ*, followed by the rest of the question words.

e.g.   She wanted to know whether I could help = Will you be **able** to help? (*ABLE = most important word*)
       «Вы сможете помочь?» ➡ Она хотела знать, смогу ли я помочь.

e.g.   She wanted to know whether I could help = Will **you** be able to help? (*YOU = most important word*)
       «Вы сможете помочь?» ➡ Она хотела знать, я ли смогу помочь

e.g.   She wanted to know whether I could help = Will you be able to **help**? (*HELP = most important word*)
       «Вы сможете помочь?» ➡ Она хотела знать, помочь ли смогу я.

69

❋ Грамматика – чему мы научились?

Что сказали? Перепишите следующие фразы:

например - «Я работаю сегодня,» сказала она в понедельник
➡ Она сказала, что работает в понедельник.

1. «У меня болит желудок,» сказал он.
2. «Наши учёные найдут новый препарат,» сказали исследователи.
3. «Наши ученики никогда не ездят на электричке в школу,» сказал директор.
4. Отец сказал, «Никто не замечает, что я работаю в саду регулярно.»
5. «Эта проблема продолжалась несколько месяцев, потом мы купили другую машину,» сказала наша соседка.

Что спросили? Перепишите следующие фразы:

например - «Они работают сегодня?» спросила она в понедельник.
➡ Она спросила, работают ли они в понедельник.

1. «Андрей идёт на вечеринку в пятницу?» спросила мама.
2. «Кто-то купил мне газету?» спросил дядя Ваня.
3. «Вы пробовали наркотики когда-нибудь?» спросил полицейский.
4. Дети спросили, «Будет ли достаточно времени, чтобы поехать в центр?»
5. «Вы знали заранее, что дискотека поздно кончится?» спросили нас родители.

Перепишите слова в скобках в нужной форме:

Я врач, работаю в Москве. Недавно я получила письмо от Маши, из московской области. Сначала она сообщила, что она (was writing = писать/на-) мне, потому что у неё больше (did not have = нет) выбора. Она призналась, что у неё нет друзей, что ей очень трудно, и что так она (had been living = жить) уже давно. Ей 15 лет. По её мнению даже мама не (loved = любить/по-) её. Маша спросила, (whether it was possible = возможно) ли улучшить свою ситуацию и она хотела знать, (whether I could = мочь/с-) ли я помочь ей. В моём ответе я успокоила её, объяснила, что я часто (receive = получать/получить) такие письма и что то, что (was happening = происходить/произойти) с ней *нормально* - очень-очень трудно бывает большинству людей в возрасте 13-16 лет. Я объяснила, что для того, чтобы иметь хорошие отношения с людьми, (she had to = надо) прежде всего научиться уважать себя - тогда и уверенность в себе (would appear = появляться/появиться).

большинство́	majority
отноше́ние	relationship
пре́жде всего́	above all, first of all
признава́ться/призна́ться	to admit, confess
уважа́ть	to respect
уве́ренность (ж.)	confidence
улучша́ть/улу́чшить	to improve
успока́ивать/успоко́ить	to calm

Напишите письмо Маше (около 100 слов), в котором вы объясняете ей, как лучше проводить свободное время и как можно познакомиться и дружить с интересными людьми.

➤5.5A.

Прослушайте сообщение и впишите пропущенные слова:

Что такое «русский рок»? _____, рок-музыка - это искусство, _____ синтезирует в себе и театр (певцы - великолепные _____) и живопись (огромное количество художников работает ___ реализацией рок-программ). Русский рок _____ сначала как копия западного, как модное увлечение _____ молодёжи. У нас появился рок-н-ролл отчасти и потому, что _____ хотелось показать режиму язык, в знак протеста. Десять лет назад наши рок-фаны пели_____ на английском языке, но _____ молодёжь поняла, что есть своя страна и свой язык. Появились настоящие русские _____- Гребенщиков, Кенщев, Бутусов.

великоле́пный	magnificent
коли́чество	quantity
мо́дный	fashionable
пока́зывать/показа́ть язы́к	to stick out one's tongue
увлече́ние	passion, keenness

➤5.5Б

Прослушайте интервью. Таня рассказывает о проблемах молодёжи в России. Прослушав первый отрывок, выберите, что идёт с чем:

Жизнь хорошая	не видишь смысла в образовании
о бездомных детях	можешь встать на путь преступления
Есть алкоголизм среди молодых	если занимаешься тем, что нравится
Когда неинтересно учиться	Государство не заботится
Если не хочешь работать	потому что никто не следит за ними

госуда́рство	state
забо́титься/по- (о + *предл.*)	to be concerned about
путь (*м.*)	way, path

распада́ться/ распа́сться	to disintegrate, to fall apart
следи́ть (за + *твр*)	to follow
смысл	sense, meaning

➤5.5В

Прослушайте второй отрывок. Ответьте на вопросы на родном языке:

1. In which two ways is it possible to avoid military service?
2. How have recent political changes affected young people?
3. What is Tanya's view of former Communist youth organisations?
4. According to Tanya, how does the life of a young Russian differ from that of a young English person?
5. Where does Tanya think young Russians would prefer to live and why?

болта́ться/по-	to hang about
большинство́	majority
влия́ть/по- (на + *вин.*)	to influence direction

привлека́тельный	attractive
служи́ть/по-	to serve
спра́вка	certificate
цель (*ж.*)	aim, goal

72

5.6   Что соответствует чему?

1. Учитель не знает, поступят

2. Врач думает, что

3. Полицейские сообщили, что

4. Родителям кажется, что дети занимаются

5. Ему интересно было узнать,

А. уже арестовали торговца наркотиками

Б. сколько денег он будет зарабатывать на новой работе

В. ли все его ученики в университет

Г. пробовать такие препараты крайне опасно

Д. рок-музыкой в знак протеста против общества.

5.7   Легко ли быть молодым?

Правда ли, что молодость - лучший возраст? Некоторые думают, что это лучший возраст, потому что молодые люди полны энергии, сил и оптимизма. Другие считают, что молодость - пора неуверенности и проблем.

В русской литературе часто пишут о трудностях этого возраста. Одно из самых известных произведений Ивана Сергеевича Тургенева - его роман *«Отцы и дети»*, в котором много примеров разногласия между поколениями по многим вопросам.

В следующем отрывке молодой Базаров, который живёт в гостях у своего друга, Аркадия, критикует отца Аркадия, который, по мнению Базарова, отстаёт от времени:

- Твой отец добрый малый, - промолвил Базаров, - но он человек отставной, его песенка спета... Третьего дня, я смотрю, он Пушкина читает, - продолжал между тем Базаров. - Растолкуй ему, пожалуйста, что никуда не годится. Ведь он не мальчик: пора бросить эту ерунду. И охота же быть романтиком в нынешнее время! Дай ему что-нибудь дельное почитать.

в ны́нешнее вре́мя	nowadays
де́льный	businesslike, sensible
до́брый ма́лый	decent fellow
его́ пе́сенка спе́та	(*here*) he's had his day
ерунда́	nonsense
никуда́ не годи́тся	fit for nothing
отстава́ть от вре́мени	to be behind the times
охо́та же быть рома́нтиком	(*here*) what makes him be a romantic
промо́лвить (*сов.*)	to utter, say
разногла́сие	disagreement
толкова́ть/рас-	(*here*) to explain

Действие романа *«Отцы и дети»* происходит летом 1859-ого года, а тема разногласия между поколениями существует не только в 19-ом веке. Например, она нередко появляется в рассказах Михаила Зощенко. В его рассказах, кажется, отношения между людьми становятся ещё более сложными из-за перемен в советском обществе 1920-ых годов. Вот, например, отрывок из рассказа *«Не надо иметь родственников»*, в котором Тимофей Васильевич находит своего племянника, Серёгу Власова. Племянник работает кондуктором на трамвае и не хочет, чтобы дядя ехал бесплатно.

- Платить надо, - чуть не плача, сказал племянник. Вы, товарищ дядя, не сердитесь. Потому как не мой здесь трамвай. А государственный трамвай. Народный.
- Народный, - сказал дядя, - меня это не касается. Мог бы ты родного дядю уважать...Не будет тебе денег.
Кондуктор вытер лоб руками и вдруг позвонил.
- Сойдите, товарищ дядя, официально сказал племянник.

вытира́ть/вы́тереть	to wipe
госуда́рственный	state
переме́на	change
чуть не пла́ча	nearly crying

Вам кажется, что разногласия между поколениями неизбежны? Что вы думаете об отношении Базарова к Николаю или племянника к Тимофею?

неизбе́жный	inevitable

В двадцатом веке И. Грекова написала очень трогательную повесть о группе женщин, которые оказались вдовами. Среди них жил один молодой человек, Вадим, сын одной из вдов, Анфисы. Вот что пишет Грекова о его молодости:

> А до тех пор была молодость, была Москва со своими коленчатыми переулками, с прямыми проспектами, со светлыми витринами, полными дорогих, недоступных вещей. Были здоровые ноги, вечное безденежье, надежды на что-то неопределённое, которое вот-вот придёт. Были вечеринки в каких-то малознакомых компаниях... Где-то там текла весёлая студенческая жизнь. Готовились к экзаменам...

безде́нежье	lack of money
вдова́	widow
ве́чный	eternal
витри́на	shop window
коле́нчатый переу́лок	crooked alley
недосту́пный	inaccessible
неопределённый	unclear
течь (тёк, текла́, текло́, текли́)	to flow
тро́гательный	moving, touching

Вам кажется, что Грекова хорошо характеризует молодость? Вы согласны, что у молодого человека:

- ✛ нет денег
- ✛ много надежд
- ✛ проблемы с экзаменами?

Можно ли и зарабатывать деньги и готовиться к экзаменам?

5.8 *Прочтите внимательно следующие слова и определения. Выберите подходящее определение каждому слову!*

СЛОВА	ОПРЕДЕЛЕНИЯ
1. молодёжь (ж.)	А. делать всё возможное, большие усилия, чтобы быть успешным
2. фальшь (ж.)	Б. то, чего не ожидаешь; что случается вдруг
3. добрый	В. увидеть в первый раз
4. справедливый	Г. то, что причиняет очень неприятные чувства, страдание
5. бороться	Д. тот, кто делает всё, чтобы было хорошо другим людям
6. судьба	Е. когда много стресса
7. удивительный	Ж. может быть случится что-то хорошее
8. замечать/заметить	З. молодые люди
9. шаг	И. *очень* не любить
10. мучительный	К. то, что беспокоит, волнует
11. напряжённость (ж.)	Л. совсем правильный, соответствующий правде
12. тревога	М. когда что-то не совсем правда
13. надежда	Н. то, что делаешь пешком
14. ненавидеть/воз-	О. то, что ждёт человека в жизни

Теперь прочтите текст!

Кто же она, сегодняшняя молодёжь? Те молодые, которые танцуют на дискотеке и, кажется, что больше их ничего не интересует, или те другие, которые чувствуют фальшь, которые добры и справедливы? Какие они? Что любят, против чего борются, что думают о себе?

Не хочется быть таким, как все - начиная жить, ты уверен в уникальности

76

своей судьбы, в том, что твоя жизнь будет удивительна, прекрасна, непохожа на другие. Но как сделать, чтобы тебя заметили?

Ты весел, здоров, красиво одет, у тебя громкий смех, быстрый шаг - и поэтому иногда даже родным и близким трудно заметить твою мучительную напряжённость и ожидание, то, как трудно для тебя понимать себя и других.

Хорошо быть молодым, но легко ли? Очень нелегко. Молодость - время тревог и надежд, время выбора. Какими они должны быть - твои книги, твоя одежда, твои друзья, твои принципы? Каким тебе надо быть? Что любить? Что ненавидеть? На эти вопросы молодые должны ответить каждый по-своему.

Прочитав текст, ответьте на следующие утверждения «правильно», «неправильно» или «неизвестно»:

1. Все молодые люди одинаковые.
2. Молодёжь обычно относится оптимистически к своему будущему.
3. Школа осложняет жизнь молодёжи.
4. У молодёжи абсолютно свободный выбор книг, одежды и т.д.

одина́ковый	the same

Ответьте на следующие вопросы СВОИМИ СЛОВАМИ по-русски:

1. Почему трудно ответить на вопрос «Кто же она, сегодняшняя молодёжь»?
2. Почему другим иногда трудно понимать молодых?

Найдите в тексте слова, которые подходят следующим определениям:

1. вечере, на котором можно слушать современную музыку и танцевать
2. знаешь точно, не имеешь никаких сомнений
3. членам твоей семьи, родственникам
4. то, во что люди одеты

ро́дственник	relative
сомне́ние	doubt
член	member

С помощью нескольких слов, взятых из текста, переведите на русский язык:

Being young is not always easy. Young people usually have a lot of energy and good health, they have hopes and expectations, but they have anxieties too, especially about money and their future careers. Often they feel that no-one understands their unique problems. Although some have a happy family life and many friends, others feel that no-one notices their tension and uncertainty.

семе́йная жизнь	family life
счастли́вый	happy

➤**5.9**

Прослушайте мнение Татьяны о трудностях жизни современной российской молодёжи. Потом сделайте резюме НА РОДНОМ ЯЗЫКЕ.

5.10 *Обсудите с партнёром, потом в группе:*

✣ Что важнее всего в жизни молодых людей конца двадцатого века?

✣ Какие у вас надежды на будущее?

Теперь напишите отчёт об этом (около 150 - 200 слов) по-русски.

КЛЮЧЕВЫЕ СЛОВА

бу́дущее	future
во́зраст	age
да́нные	data
замеча́ть/заме́тить	to notice
зато́	on the other hand
кра́йне	extremely
ли́чность (ж.)	personality
мо́дный	fashionable
молодёжь (ж.)	youth, young people
мо́лодость (ж.)	youth (being young)
наде́жда	hope
напряже́ние	tension
нарко́тик	drug
образова́ние	education
отноше́ние	attitude, relationship
переме́на	change
поведе́ние	behaviour
подро́сток	adolescent, teenager
поколе́ние	generation
про́бовать/по-	to try
развива́ть/разви́ть	to develop
ра́зница	difference
разногла́сие	disagreement
рове́сник	peer, contemporary
ро́дственник	relation, relative
семе́йная жизнь	family life
си́ла	strength, power, force
сомне́ние	doubt
трево́га	alarm
уве́ренность (ж.)	confidence
член	member
ю́ность (ж.)	youth
эне́ргия	energy

6. РОССИЯ

6.1 *Что вы знаете о России? Посмотрите на следующую таблицу, потом обсудите в группе: чем отличается Россия от вашей родины?*

Где?	в восточной части Европы и в северной части Азии
Территория?	занимает 12% земного шара; с востока на запад - одиннадцать часовых поясов
Население?	148 миллионов человек; 130 этнических групп; русские составляют более 80% населения
Границы?	с 16 другими государствами
Климат?	зависит от района, но вообще континентальный: в западной части от 0 до -5 градусов в январе; в Сибири до -50 градусов по Цельсию летом от +1 градуса в северной Сибири до + 30 (и больше) градусов по Цельсию в западной части России
Ландшафт?	120 тысяч рек длиной больше 10 км.; леса покрывают 40% территории России

госуда́рство	state
грани́ца	border
длина́	length
ландша́фт	landscape
населе́ние	population
покрыва́ть/покры́ть	to cover
часово́й по́яс	time zone

6.2   *Обсудите с партнёром, потом в группе:*

Почему вы заинтересовались русским языком?

Из-за интереса к стране? к её культуре? истории?

Или вы ничего не знали о стране, но хотели воспользоваться случаем, что в вашей школе/вашем институте преподаётся русский язык?

Как отреагировали ваши семья и друзья, когда вы объявили, что решили заниматься русским языком?

Какие ещё языки вы знаете? Вам кажется, что русский язык более/менее трудный/интересный, чем другие языки, которые вы знаете?

пóльзоваться/вос- слýчаем преподавáться (*несов.*)	to take advantage of the chance to be taught

6.3   *Вы уже были в России?*

ЕСЛИ ДА:

Составьте список пяти ваших самых главных впечатлений.

ЕСЛИ НЕТ:

Составьте список пяти самых главных причин, почему вы хотели бы посетить Россию.

- -
   Теперь обсудите в группе - все согласны с вашими взглядами?
- -

взгляд впечатлéние спúсок	view impression list

➤**6.4А**

Прослушайте данные о России и ответьте на вопросы по-русски:

1.   Население России самое большое в мире?
2.   Сколько русских живёт в Российской Федерации?
3.   Сколько человек в мире говорит на русском языке?

➤6.4Б

Прослушайте следующие отрывки и запишите информацию:

	О ЧЁМ?
1	Новый памятник
2	Официальные докуметы
3	Банкир ранен
4	Экономические реформы
5	Загрязнение

загрязне́ние	pollution	сéльское хозя́йство	agriculture
окружа́ющая среда́	environment	СНГ	CIS
преступле́ние	a crime	состоя́ние	condition
промы́шленность (ж.)	industry	строи́тель (м.)	builder

➤6.4В

Прослушайте рассказ, потом поставьте следующие фразы в нужном порядке, чтобы пересказать историю:

1. Жители посёлка обсуждают новости.
2. Экспедиция приезжает в далёкий посёлок.
3. Бывшая школа сейчас без детей.
4. Погода улучшается немного.
5. Спрашивают членов экспедиции, зачем приехали в посёлок.
6. Людям холодно в грузовике.
7. Все спят.
8. Помощь легко получить от жителей посёлка.
9. Весь посёлок встречается в посёлочном магазине.
10. В посёлке много пустых зданий.

посёлок	settlement
спу́тник	travelling companion
ту́ндра	tundra (*sub-artic plain, producing only mosses and grass*)

Что происходит дальше? Как вы думаете? Экспедиция идёт успешно ... или же возникают проблемы? Вы член экспедиции! В конце экспедиции вы пишете статью для газеты (около 100 слов - по-русски):

ЧЕМ ОКОНЧИЛАСЬ ЭКСПЕДИЦИЯ НА ДАЛЁКИЙ СЕВЕР

❄ Грамматика – что мы знаем?

6.5 *Переведите слова в скобках на русский язык:*

(Before) узнаешь историю русской матрёшки, когда смотришь на эту весёлую, толстую куклу, трудно поверить, что она уже отметила свой столетний юбилей. Деревянная расписная кукла - матрёшка - действительно появилась в России в 90-х годах прошлого века, (after) появился в обществе большой интерес к национальной культуре. (Since) был такой интерес, создалось целое художественное направление «русский стиль»,

деревя́нный	wooden
ку́кла	doll
расписно́й	painted
то́лстый	fat

который обратился к традициям народного творчества.
(In order that) талантливые художники могли работать нормально, большие промышленники основали современные мастерские. Вскоре (after) художник Сергей Малютин стал одним из инициаторов и пропагандистов «русского стиля», он придумал идею расписной деревянной куклы, которая изображала круглолицую деревенскую девушку. Кукла открывалась, и внутри неё была другая, поменьше, которая тоже открывалась... Всего восемь фигурок, которые входили одна в другую и различались не только размером, но и росписью.

(In spite of the fact that) матрёшка стала символом России для туристов, идею её создания подсказала Малютину японская игрушка, которую одна из его знакомых привезла в Россию с острова Хонсю (just before) он придумал свою русскую куклу. Куклу назвали Матрёшкой не случайно. В дореволюционной российской провинции одним из самых популярных было имя Матрёна, Матрёша (от латынского «*mater*» - мать).

внутри́	inside
круглоли́цый	round-faced
мастерска́я	studio, workshop
осно́вывать/основа́ть	to found
о́стров	island
подска́зывать/подсказа́ть	to suggest
приду́мывать/приду́мать	to think up
разме́р	size

❄ Грамматика – что надо знать?
COMPOUND CONJUNCTIONS

Russian is, for once, more complicated than English when it comes to putting a preposition **not in front of a noun, but in front of a phrase**. For example:

Before you know its history...   after the artist became...

In cases like this, the preposition (e.g. *до, после*) is not enough. COMPOUND CONJUNCTIONS, made from prepositions, must be used. The main compound conjunctions are:

вместо того, чтобы = instead of
для того, чтобы = in order to/that
до того, как = before
из-за того, что = since, as a result of the fact that
несмотря на то, что = in spite of the fact that
перед тем, как = (*just*) before
после того, как = after
прежде, чем = prior to
с тем, чтобы = in order to/that

Compound conjunctions are followed by phrases including verbs, rather than by single nouns. For example:

Несмотря на то, что матрёшка стала символом России...
Перед тем, как он выдумал свою русскую куклу...

If the subject of both parts of the sentence is the same, an infinitive **may** be used after the compound conjunction:

Вместо того, чтобы быть одной куклой, она открывалась...

NB! Although the compound conjunctions given above are the most common ones, you should always remember that you **CANNOT** use a verb (and its clause) after a preposition; if tempted, remember that what you need to do is make use of the particle *TO* . Look at the following examples to see how straightforward it is:

Она рассказывала им о том, как она провела отпуск в Сибири.
She was telling them about how she had spent her holidays in Siberia.

Экскурсовод часто говорил о том, когда он потерял целую группу туристов.
The guide often spoke about when he had lost a whole group of tourists.

В результате того, что температура снизилась до -50 градусов, школы закрылись.
As a result of the fact that the temperature dropped to minus 50 degrees, the schools were closed.

❋ Грамматика - чему мы научились?

Сделайте одно предложение!
Например: Они услышали его/он вошёл в комнату/до того как
                → Они услышали его до того, как он вошёл в комнату.

1. Первая русская матрёшка появилась в конце прошлого века/был большой интерес к национальной культуре/из-за того, что
2. Иван купил новую машину/мы все советовали ему не покупать/несмотря на то, что
3. Они приехали в семь часов/их подруга ушла из дома/перед тем, как
4. Твой друг позвонил/ты уснула очень рано в этот вечер/после того, как
5. Они решили пойти в театр/они не пошли в ресторан/вместо того, чтобы

Придумайте ещё одну фразу, чтобы закончить следующие фразы!
Например: ... перед тем, как мы решили уйти
                Мы долго спорили, перед тем как мы решили уйти.

1. ... несмотря на то, что шёл дождь
2. ... из-за того, что они забыли деньги дома
3. ... с тем, чтобы дети убрали свою спальню
4. ... после того, как ты сделал все свои домашние задания!
5. ... вместо того, чтобы сидеть дома и ничего не делать.

жа́ловаться/по-	= to complain
спо́рить/по-	= to argue
убира́ть/убра́ть	= to tidy, clear up

Кроме матрёшек, какие ещё русские сувениры любят иностранные туристы? - Что идёт с чем?

А. балалайка	1. головной убор
Б. меховая шапка	2. для того, чтобы кипятить воду
В. палехская миниатюра	3. музыкальный инструмент
Г. самовар	4. народная живопись на чёрных лаковых изделиях

изде́лие	article, item of handicraft
кипяти́ть	to boil
ла́ковый	lacquered

➤6.6

Что вы знаете о «природных ресурсах» России? Чем она богата? Вот список её ресурсов:

алмаз	= diamond	ископаемые	= minerals
газ	= gas	нефть (*ж.*)	= oil
железная руда	= iron ore	серебро	= silver
золото	= gold	уголь (*м.*)	= coal

Теперь прослушайте данные о нефти, газе и ископаемых и запишите информацию:

добыва́ть/добы́ть = to extract

➤6.7А

Прослушайте сообщение о русских бизнесменах и ответьте, правильно, неправильно или неизвестно?

1	Сотни бизнесменов интересуются Россией
2	России нужен миллиард долларов
3	Россия - это огромный потенциальный рынок
4	Инвестиции капиталов в России не всегда безопасны
5	Гидеону Вайнбауму скоро будет 35 лет
6	Вайнбаум родился на юге Германии
7	Он надеется на экономический бум в России
8	Вайнбаум рад, что он делает инвестиции в России
9	Нет риска, когда имеешь дело с русскими
10	Россия - больше любой другой страны в мире

бога́тый	rich
привлека́тельный	attractive
приро́дные ресу́рсы	natural resources

➤ 6.7Б

Прослушайте интервью. Пётр говорит о России. Прослушав первый отрывок интервью, прочтите вопросы и выберите правильные ответы:

1. С точки зрения климата, лучше жить
   а) близко от реки или моря
   б) на юге России
   в) далеко от гор

2. С точки зрения экономики, лучше жить
   а) за границей
   б) в столице
   в) в стране ближнего зарубежья

3. В бывшем Советском Союзе появилось много
   а) рек
   б) поездов
   в) беженцев

4. Предпочитают жить в маленьких городах
   а) учителя
   б) люди постарше
   в) дети

5. Лучше жить в большом городе, потому что
   а) лучшая культурная жизнь
   б) много деревьев
   в) воздух чище

в о́бласти (+ *род.*)	in the field/sphere of
возмо́жность (ж)	opportunity
выступа́ть/вы́ступить	to perform, appear
грани́ца	border
опа́сный	dangerous
ра́зница	difference
создава́ть/созда́ть	to create
с то́чки зре́ния (+ *род.*)	from the point of view of

Прослушайте второй отрывок из интервью. Вот резюме отрывка. Закончите его!

Трудно жить в Сибири из-за холода и недостатка _____ продуктов. Сибирь находится очень ____ _____ Москвы, итак сибиряки налаживают лучшие _____ с Японией.

Есть разные республики, которые могли бы ____ без Москвы. Там громадные потенциальные возможности, например для _____ на берегу _____ ___.

в связи́ с (+ *твор.*)	in connection with
да́льний восто́к	Far East
расстоя́ние	distance

6.8 *Северный климат суровый! Переведите слова в скобках на русский язык:*

(In spite of the fact that) 27 декабря с помощью авиаторов были доставлены газовые печи в посёлок Ягодное, в тот же день из посёлка эвакуировали 478 человек. Посёлок получил печи (after) глава администрации попросил помощь Ягодному. Всё началось (as a result of the fact that) 15 декабря в этом небольшом районном центре было остановлено центральное отопление. Причина такая: транспортникам не заплатили зарплату, и (instead of) продолжать работать, они решили больше не доставлять уголь. В результате посёлок с населением 9 тысяч жителей остался практически без тепла при морозе в 50 градусов! (In order to) помочь жителям, местным властям надо было предложить всем выехать из посёлка. Однако, желающих покинуть своё жильё оказалось не так много. (Before) они решают уехать, люди, которые провели всю жизнь на Севере и привыкли жить в трудных условиях, готовы долго терпеть!

вла́сти (ж)	authorities
доставля́ть/доста́вить	to deliver
печь (ж.)	stove
покида́ть/покину́ть	to abandon, leave
терпе́ть	to endure, undergo
усло́вие	condition
центра́льное отопле́ние	central heating

| переноси́ть/перенести́ | to bear, endure |
| по по́воду (+ *род.*) | about, on the subject of |

6.9 *Россия - что это за страна?*

На Западе создался такой стереотип России: Россия - большая страна, где климат суровый, люди носят меховые шапки, пьют водку, играют на балалайках и любят танцевать. А как Россия изображается в русской литературе? По словам Лопахина (в пьесе Чехова, «Вишневый сад»):

| Господь, ты дал нам громадные леса, необъятные поля, глубочайшие горизонты ... | изобража́ться/ изобрази́ться меховóй необъя́тный | to be depicted fur immense |

Русские писатели часто пишут о «необъятности» страны ... то есть о том, что Россия такая огромная страна, что, кажется, у нее нет границ; природа, климат, типичная архитектура, деревенский быт и русские праздники также очень часто изображаются в русской литературе. Михаил Юрьевич Лермонтов прекрасно описывает все это в своём стихотворении «Отчизна» (т.е. родина). Вот отрывок из этого стихотворения:

90

Но я люблю - за что, не знаю сам -	безбре́жный	boundless
Её степей холодное молчанье,	быт	everyday life
Её лесов безбрежных колыханье,	гумно́	barn
Разливы рек её, подобные морям; ...	изба́	peasant hut
С отрадой, многим незнакомой,	колыха́нье	swaying
Я вижу полное гумно,	мужи́к	peasant
Избу, покрытую соломой,	отра́да	pleasure
С резными ставнями окно;	пля́ска	dance
И в праздник, вечером росистым,	разли́в	flood
Смотреть до полночи готов	резны́е ста́вни	carved shutters
На пляску с топаньем и свистом	роси́стый	dewy
Под говор пьяных мужичков.	соло́ма	straw
	то́панье	stamping

Какое у вас представление о России и о русских? Ваше представление изменилось с тех пор, как вы начали учиться русскому языку?

Россия безусловно предоставляет нам очень богатый культурный мир - в смысле литературы, музыки, театра, балета, живописи ... и история этой страны необычайно интересная. Подумать только, лишь за двадцатый век столько войн, революций, переворотов! Интересно также то, что история России сейчас переписывается.

Давайте посмотрим сначала на словарь, потом прочтём заметки о важных лицах истории двадцатого века:

война́	war
злой	evil
импера́тор	emperor
крова́вый	bloody
переворо́т	coup
перепи́сываться/переписа́ться	(*here*) to be rewritten
смысл	sense, meaning
со́бственный	own
уничтожа́ть/уничто́жить	to destroy

ВАЖНОЕ ЛИЦО	КАК ГОВОРИЛИ РАНЬШЕ	КАК ГОВОРЯТ ТЕПЕРЬ
Николай II	Последний российский император, прозван народом «Николаем кровавым».	Высокообразованный, уважаемый монарх, владевший европейскими языками. Инициатор важных реформ в начале XX столетия.
Владимир Ильич Ленин	Величайший гений человечества, создатель Коммунистической партии Советского Союза, вождь и учитель трудящихся всего мира.	Крупнейший «злодейски талантливый» революционер XX столетия. Архитектор «красного террора» против собственного народа.
Иосиф Виссарионович Сталин	Верный ученик В.И.Ленина, вождь и учитель советского народа.	Главный творец ГУЛАГа, благодаря которому были уничтожены миллионы людей.

> *Какие деятели русской истории вас больше всего интересуют? Почему?*
>
> *Вы интересуетесь больше историей России или тем, что происходит теперь в России?*
>
> *Какая, по-вашему, самая сложная проблема в России теперь? Почему? Существует ли решение этой проблемы?*

существова́ть (*несов.*)	to exist

92

6.10 *Портрет гражданки С. - типичного жителя России конца 20-ого века*
Посмотрите на словарь, потом прочтите текст:

бу́ква	letter
вдове́ть/о-	to be widowed
владе́ть	to own
вы́пивка	a drink
коммуна́лка	communal flat
ли́бо ... ли́бо	either...or
милосе́рдный	charitable, merciful
отде́льный	separate
пита́ние	food
предпринима́тель (*м.*)	entrepreneur
приключе́ние	adventure
разводи́ться/развести́сь	to get divorced
райце́нтр	regional centre (i.e. main town in region)
слу́жащий	office worker
суще́ственный	essential
холосто́й	bachelor
хомя́к	hamster

Типичному жителю России около сорока. Впрочем, это, скорее, не «он», а «она». На 1000 женщин в России приходится 884 мужчины (в США, например, 950). Её фамилия начинается на «С». Оказалось, что именно с этой буквы начинаются чаще, чем с других.

Гражданка С. замужем. На 100 взрослых россиян приходится 20 холостых и незамужних, 8 овдовевших и 6 разведённых. Средний размер российской семьи 3-4 человека. Больше половины населения живёт вместе с родителями (хотя примерно четверть из них имеют уже собственные семьи).

Скорее всего гражданка С. живёт в райцентре. 57 процентов населения имеют отдельные квартиры, 10 процентов живут в общежитиях и 7 процентов - в «коммуналках». Собственным домом (или частью дома) владеют 27 человек из 100. Шестьдесят процентов имеют менее минимальной санитарной нормы - 12 квадратных метров жилой площади на человека.

Настроение гражданки С. чуть выше среднего и зависит вовсе не от политики. На настроение россиян влияют: количество денег (24% всех ответов); посещение магазинов, поездки на транспорте и т.д. (21%); дела на работе (19%); здоровье (18%); погода (9%). Влияние политических новостей, питание, книги, кино, театры, концерты и т.д. не существенно (менее 5% ответов в каждом случае).

С точки зрения политики менее трети взрослого населения - за социализм, около одной пятой - за капитализм. Четверть - за СНГ, 17% за государство типа СССР, 15% за Россию.

Из каждых ста взрослых - семьдесят работают и пять учатся. На эту сотню приходится: 25 рабочих, 21 служащий (без высшего образования), 10 специалистов (с высшим образованием), 5 предпринимателей, 2 военных, 2 начальника, 25 пенсионеров, 7 домохозяек и 3 безработных. Собственным бизнесом заняты 2% россиян. 60% россиян хотят, чтобы их дети со временем открыли свое дело. Денег гражданке С. хватает только на самое необходимое. Лишь 15 жителей России из ста не испытывают существенных материальных затруднений. Половина доходов уходит на еду и еще 4% на выпивку. Гражданка С. много читает. Охотнее всего - детективы, фантастику, приключения и эротику.

Гражданка С. считает себя милосердным человеком и утверждает, что регулярно помогает тем, кому труднее, либо подавая деньги (40%), либо помогая по хозяйству, в том числе продуктами (14%).

У гражданки С. есть кошка или собака. Большинство россиян, даже если они живут в городе, держат дома кошку (28%), собаку (20%), птицу (8%), аквариумных рыбок (6%), хомяка (4%). Интересно то, что гражданка С. считает, что её отношение к тому или иному политическому деятелю улучшится, если станет известно, что у него есть собака.

Объясните СВОИМИ СЛОВАМИ (по-русски!):

1. средний размер
2. скорее всего
3. чуть выше

4. самое необходимое
5. помогать по хозяйству

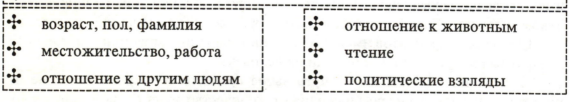

Члены международной ассоциации в вашем городе попросили вас сделать сообщение о жизни в России. Какое счастье, что вы прочитали статью «Портрет гражданки С.»! Сделайте резюме статьи на родном языке, включая следующие пункты:

✛ возраст, пол, фамилия

✛ местожительство, работа

✛ отношение к другим людям

✛ отношение к животным

✛ чтение

✛ политические взгляды

Напишите по-русски биографию либо мамы гражданки С., либо её дочки (около 150 слов).

КЛЮЧЕВЫЕ СЛОВА

алма́з	diamond
бога́тый	rich
быт	everyday life
война́	war
гора́	mountain
госуда́рство	state
грани́ца	border
деревя́нный	wooden
дохо́д	income
жи́тель (*м.*)	inhabitant
земно́й шар	globe
зо́лото	gold
ископа́емые	minerals
крестья́нин (*мн.*= крестья́не)	peasant
ландша́фт	landscape
лес	forest
ме́стные вла́сти	local authorities
мо́ре	sea
населе́ние	population
нефть (*ж.*)	oil
océан	ocean
окружа́ющая среда́	environment
о́стров	island
посёлок	settlement, small village
прави́тельство	government
приро́дные ресу́рсы	natural resources
промы́шленность (*ж.*)	industry
разме́р	size
река́	river
се́льское хозя́йство	agriculture
серебро́	silver
со́бственный	own
сре́дний	average
у́голь (*м.*)	coal
часово́й по́яс	time zone
часть (*ж.*)	part

Transcript of the Tape Recordings

1. ПРАЗДНИКИ

1.4А

Добрый вечер, дорогие телезрители...вот наши передачи на сегодня на вечер:

в 21.10	Мультфильм: Дед-Мороз в Сибири
в 22.00	Викторина: Лотто-миллион
в 23.15	Музыкальная программа: Пилот
в 24.00	Телеспектакль: С Новым годом!

1.4Б

- Расскажи, пожалуйста, какие праздники есть сейчас в России?
- Ну, сейчас в России есть много праздников. Конечно, Новый год, а сейчас ещё отмечают Рождество.
- Какого числа отмечают?
- Рождество отмечают седьмого января.
- Почему это?
- Потому, что по христианскому календарю в России, по православному календарю, Рождество должны отмечать седьмого января.
- А что делают на Рождество?
- На Рождество обычно ходят в церковь. Это тихий день. Подарки дают друг другу на Новый год, а на Рождество обычно собираются дома, сидят вместе, пьют чай, потом идут в церковь.
- Какие другие праздники есть попозже?
- До сих пор отмечают день, международный женский день, восьмое марта.
- И что делают тогда?
- Конечно, всем женщинам дают подарки. Это праздник для женщин. Мужчины дарят женщинам цветы, не только своим жёнам, но и матерям, сёстрам. Молодые люди дарят цветы своим подругам и вообще мужчины стараются как можно больше помочь своим женщинам в этот день. К сожалению они не делают это в течение всего года.
- А есть международный мужской день?
- Ну, вы знаете, международный мужской день, как так, как международный

мужской день, не существует. Но раньше в Советском Союзе всегда отмечали двадцать третье февраля, и если мальчики дарили девочкам цветы на восьмое марта в школе, то девочки в школе дарили мальчикам подарки на двадцать третье февраля. А двадцать третье февраля, это день советской армии. Сейчас, конечно, его не отмечают.

- А летом есть праздник?
- Летом больших праздников нет, но много праздников в мае. В мае, во-первых, первое мая, потом День Победы тоже отмечают и получается, что в мае очень много выходных. Поэтому все очень любят месяц май.
- А именно в такие праздники в мае, что делают?
- Раньше первого мая была демонстрация. Сейчас демонстраций нет, поэтому все просто гуляют, ходят в кино, может быть, иногда ездят за город. Сейчас, у многих людей есть дачи и они уже начинают ездить на дачу даже в мае, даже работают...

1.4.В

- Что делают в семье, чтобы отмечать праздник?
- В семье, конечно, покупают прежде всего продукты и обычно родители, мать, думают о том, что приготовить на обед, и отмечают обычно дома, готовят что-нибудь вкусное, и сидят, разговаривают, приглашают друзей, родственников.
- День рождения...Есть специальный день рождения для человека, самый важный день рождения?
- Я думаю, что...наверно восемнадцать лет. Это очень важный день рождения.
- Почему так считают?
- Потому, что после этого дня рождения можно выходить замуж и жениться. И ещё важный день рождения до этого—шестнадцать лет, когда человек получает свой первый паспорт. Это очень важное событие и в школах очень часто устраивают специальный праздник—день первого паспорта, когда школьникам вручают первые паспорта.

1.7

А. На Новый год у всех в домах стоит наряженная ёлка, украшенная игрушками и огоньками. К маленьким детям приходят Дед Мороз и Снегурочка. Они приносят детям подарки. Как правило, нужно спеть или станцевать, чтобы получить в подарок что-нибудь вкусное.

Б. Новогодние подарки обычно кладут под ёлку. Для самых маленьких это, конечно же, подарки от Деда Мороза и Снегурочки. В полночь тридцать первого декабря люди поднимают бокалы с шампанским и желают всего самого лучшего своим близким и знакомым. А потом начинается ужин.

В. В принципе, Новый год считается семейным праздником. Но некоторые люди, особенно молодые, очень любят отмечать его со своими друзьями. Я, например, очень люблю отмечать Новый год с моими друзьями. Иногда в Новый год родители или старшие дети переодеваются в Деда Мороза и Снегурочку. Обычно это делается в тех семьях, где есть маленькие дети.

Г. В связи с этим, я вспоминаю одну смешную историю. Она случилась, когда мне было три или четыре года. В новогоднюю ночь мой отец переоделся в Деда Мороза. Я совсем не узнала его и была очень счастлива, когда Дед Мороз дал мне новогодний подарок. Это была огромная красивая кукла—моя мечта! Я была очень, очень рада этой кукле и весь вечер танцевала и пела для «Деда Мороза». Но потом, когда он уходил, он хотел положить меня в свой мешок и унести с собой. Я ужасно испугалась, громко заплакала, убежала к бабушке в комнату и спряталась за ней. Долго потом я не могла поверить, что это был мой отец, и тот Новогодний праздник был для меня испорчен. Тогда мне было совсем не смешно, но сейчас, когда вспоминаю об этом, я невольно улыбаюсь.

1.13

- Что можно сказать о свадьбе в России? Где отмечается свадьба обычно?

- Очень часто свадьба отмечается дома. Зависит от того, наверно, сколько у людей денег сейчас. Для того, чтобы отметить свадьбу в ресторане сейчас нужно заплатить огромное количество денег. Очень дорого. В деревне обычно бывают очень большие свадьбы. На свадьбу приглашают всю деревню, может быть и соседние деревни тоже и может быть человек двести или триста на одной свадьбе. Все гуляют и гуляют два дня. В городе тоже стараются делать свадьбу на два дня. Но зачастую это всего один день и просто свадьба бывает днём а вечером бывает обед.

- Хорошо. И есть какая-то официальная служба?

- Раньше, в Советском Союзе не разрешались религиозные свадьбы. То есть, прямого запрета не было, но молодым людям как-то не советовалось ходить в церковь и поэтому все ходили в ЗАГС. А сейчас разрешается отмечать свадьбу в церкви, разрешается ходить в церковь, но обязательно после регистрации в ЗАГСе.

- После регистрации, есть какие-то ритуалы?

- Да, в разных городах бывают разные ритуалы. Обычно всегда идут к какому-нибудь памятнику, кладут туда цветы. Раньше все ходили к памятнику Ленину. Сейчас ходят просто, может быть, к вечному огню.

- Что такое, вечный огонь?

- Вечный огонь—это обычно памятник солдатам, погибшим на...во время второй мировой войны.

- Есть специальные машины для свадьбы?

- Да, все стараются заказать большую машину, иногда Волгу, иногда Чайку, но сейчас, конечно, Мерцедес.

- Есть специальные подарки на свадьбу?

- Все стараются дарить молодым что-нибудь полезное, что-нибудь для дома...Я думаю, какие-нибудь вазы, холодильники, пылесосы, ковры...

2. СРЕДСТВА МАССОВОЙ ИНФОРМАЦИИ

2.5А

06.00	Телеутро
09.00	Новости
09.20	«Секреты лета»—телесериал для детей
09.45	Мультфильм
10.00	Здоровье—медицина для тебя
11.00	Бокс—чемпионат мира
12.00	Новости
13.00	«Дом, в котором я живу»—художественный фильм
15.00	Концерт—музыка П.И. Чайковского
17.00	Новости и прогноз погоды на завтра
17.30	Бокс—чемпионат мира
19.00	Интервью с автором
20.00	Документальный фильм—Чёрное море
20.45	«Спокойной ночи малыши»—передача для детей

2.5Б

07.00	Доброе утро
08.45	Клуб деловых людей
09.00	Сериал—«Улицы Сан-Франциско»
10.00	Стиль жизни—о моде
10.45	Солнечный город—мультфильм
11.00	Концерт русской музыки
12.15	Телеслужба безопасности
13.10	Лёгкая атлетика
15.00	Новости
15.40	«Мануэла»—художественный фильм

2.8

12.30	История человека—документальная передача
14.00	Новости и прогноз погоды
14.40	Репортаж о новом памятнике в Москве
15.00	Советы садоводам
15.25	Музыкальная передача—в мире джаза
16.00	Футбол—чемпионат Европы (2-ой тайм)
17.40	Политика—экономика и мы
18.10	Олимпийский дневник
19.30	Международный детектив—«Парк Горького»
21.30	Голгофа—ток-шоу

2.9

Несколько лет назад смотреть телевизор утром было не очень интересно. Как правило были сеансы утренней гимнастики: девушка в строгом купальнике и невесёлый пианист. Теперь всё изменилось: все каналы стараются понравиться своими утренними передачами и энергично борются за сонного телезрителя.

Сейчас нас радует «утро с человеческим лицом». Новые утренние передачи нравятся всем, потому что есть на что посмотреть—они действительно интереснее, чем раньше. Передачи обычно состоят из модульных блоков, которые повторяются. Есть традиционные для жанра информационные блоки, блоки о погоде всех континентов, о моде, косметике, жилищных вопросах и т.д. Можно даже купить на телеаукционе произведение искусства за тысячу долларов. Вопрос только в том: кто может серьёзно всем этим заниматься в семь часов утра?!

Несмотря на это, теперь уже есть достаточно хороший выбор утренних программ. Какую программу смотреть—это уже дело вкуса и выбора. И это хорошо, потому что в принципе телевидение должно работать именно таким образом.

2.10

- Скажите, пожалуйста, Ирина...Вы бы сказали, что русские любят читать вообще?

- Да, мне кажется, что русские любят читать и это видно, когда вы едете в метро в большом городе, или в автобусе. Все читают.

- Что читают?

- Или книгу, или газету. Если это студент, то очень часто студенты читают конспекты, когда едут на занятия, журналы...разную литературу.

- И сейчас есть большой выбор книг?

- Да. Сейчас появилось очень много книг и если вы,...ммм...скажем, в Петербурге,..садитесь в метро, то вы можете увидеть прилавки со множеством различных изданий. Много книг появилось, очень много разных газет. Самые разные издания.

- И какие самые популярные газеты, журналы?

- Трудно сказать, потому что сейчас появилось очень, очень много разных журналов и разных газет. Появились газеты для молодёжи, появилось много региональных изданий. Многие газеты сейчас поменяли своё название и кажется, что они новые, но на самом деле это старые газеты. Как, например, в Петербурге появилась газета Санкт-Петербургские новости, но это известная всем газета, которая существовала и раньше. Появились вечёрки, Вечерняя Москва, Вечерний Петербург. Люди любят читать различные газеты, различные журналы по интересам, в зависимости от того, какая у вас профессия. Молодёжь предпочитает читать журналы о жизни современной молодёжи, о музыкантах, рок-музыкантах, которые стали популярны в России.

- И дорого стоит теперь купить книги, журналы?

- Ну цены вообще очень высокие сейчас в России. Но я бы сказала, что конечно книги стоят дешевле, чем в Англии. Если сравнить цены, то они дешевле, конечно, чем в Англии. Но, тем не менее, всё равно, это дорого.

- И дети предпочитают смотреть телевизор, скажем, или предпочитают читать?

- Мне кажется, что это зависит от семьи. Во многих семьях по-прежнему дети читают и очень много и родители им читают книги. В некоторых семьях, где дети предоставлены сами себе и где у них очень много свободного времени, они могут целыми днями сидеть у телевизора.

- А почему люди читают?

- Ну, чтобы быть в курсе современных событий, чтобы знать, что происходит в стране, какие изменения происходят в стране и за рубежом. Опять-таки это зависит от возраста. Если люди средних лет интересуются политикой, то конечно они больше читают современные газеты и журналы, интересуются политическими событиями. Тот, кто интересуется литературой читает художественные книги.

- А есть хорошие авторы сейчас, современные?

- В России всегда было много интересной литературы, но в настоящее время, мне кажется, появилось очень много книг, которые не публиковали раньше. Это и интересные книги, такие книги как Солженицына, которые нельзя было раньше увидеть в России и сейчас они пользуются большим интересом. С другой стороны появились такие книги, которые на мой взгляд не заслуживают большого интереса и не несут какой-то особой образовательной ценности, и к сожалению очень часто такие книги можно увидеть на прилавках магазина.

3. БИЗНЕС

3.4

В Архангельске вас встретит в аэропорту Алексей Павлович Соломатин, заведующий новым архангельским магазином «Комфорт». Он подвезёт вас в гостиницу «Люкс». Совещание начнётся 29-ого марта в 11 часов. От Соломатина только что пришёл факс, в котором он сообщает, что хочет поговорить с вами о ценах на товары. У него такой вопрос: разве эти цены реальны?

3.5

Да, Галя, я слышал об этом магазине от Сергея. Он сказал мне, что магазин находится на главной улице, рядом с рестораном «Сибиряк». Ресторан налево от «Комфорта», а супермаркет направо. Соломатин там уже работает шесть месяцев, а стал заведующим только два месяца назад. Очень талантливый бизнесмен, и, кажется,—умеет быстро соображать. Там продаётя не только одежда—сейчас также продают ковры и мебель. Соломатин заинтересовался нашими товарами после того, как прочитал твою статью в журнале «Коммерсант».

3.8А

1. Мы рады сообщить, что во всех регионах России продолжается подписка на этот год на детский журнал комиксов «Серёжка». Подписчики журнала могут получить приз—компьютерные приставки «Денди», куклы Барби, конструкторы «Лего» и суперприз—поездка в Евродиснейланд.

2. ЛВО—лучший поставщик электронной техники для вашего дома. Предлагаем прямо со склада в Москве. Самые современные магнифотоны, плееры, телевизоры, музыкальные центры. Позвоните сегодня—наш телефон 954-48-39.

3. Покупайте с уверенностью наши автомобили. За $3980 можно купить машину «Таврия» со всеми модификациями. Полное оформление документов для ГАИ. Со складов в Москве, Санкт-Петербурге, Новгороде, Томске. Наши автомобили для наших дорог!

4. Нидерланды! Мы на российском рынке уже 4 года! Для успешной реализации заказов на холодильники и морозильники из Голландии, позвоните сегодня. Наш телефон—230-21-86. Или факсом—232-19-38.

5. Инкомпьютер! Совершите путешествие в будущее! У нас в продаже компьютеры любой конфигурации по вашему выбору. Цены невысокие— например 486DX2/66-стоит $860. Бесплатная гарантия на 1 год.

3.8Б

Каждый год в мировой океан поступает миллиарды кубометров новой воды. Это экологически чистая вода, которая образовалась десятки тысяч и даже миллионы лет назад, когда на планете не было проблем с загрязнением окружающей среды. Мы говорим, конечно, об айсбергах в Антарктике и Артике. Один айсберг мог бы дать всю нужную воду на два года большой стране, с большим населением (например, такой как Объединённые Арабские Эмираты!)

Учёные уже давно предлагают пользоваться айсбергами. В России лет двадцать назад несколько групп учёных начали заниматься этой проблемой. Скажем прямо—проблема транспортировки айсбергов сложная. Но есть одна русская компания, которая уже строит два, три судна, их можно использовать для транспортировки айсбергов,.

3.8В

- Расскажите, пожалуйста. Кто такой бизнесмен?

- Сегодня бизнесменов называют людей, у которых скопилось громадное количество денег. Многие их называют «новые русские», хотя термин довольно противоречивый потому, что они совсем не новые. Это просто люди, которые вышли на поверхность. Раньше они были нелегальными миллионерами, а теперь при капитализме, при новом капитализме в России они называют себя бизнесменами.

- Что...чем они занимаются?

- В основной массе своей они занимаются торговлей. Обычно открывают свои компании, которые занимаются импортом и экспортом, обычно со странами ближнего зарубежья.

- Что это такое, ближнего зарубежья?

- Это бывшие республики Советского Союза, как например Армения, Грузия...

- Хорошо...

- ...Кыргызстан, и так далее. Но многие уже работают и за границей, со странами западной Европы, с Бельгией, с Голландией, с Великобританией.

- Это какие товары в основном?

- Товары обычно довольно разного профиля. Во многом это зависит от структуры фирмы. Но многие занимаются продуктами, потому что всем хочется кушать,...напитками. Сейчас в России можно купить в принципе напитки любой страны мира. Многие занимаются оборудованием, мебелью.

- А экспорт чего?

- В основном экспортируют природные ресурсы.

- Например?..

- Ну, например, газ, нефть, дерево, деревообрабатывающие материалы, химические продукты.

- Хорошо. Слово бизнесмен—есть женщины-бизнесмен—бизнесменки?

- Да. В России сейчас женщины вышли на новую позицию. Я неоднократно встречал женщин, которые довольно преуспели в бизнесе. Появился так называемый новый имидж женщин, которые во главе многих банков и больших компаний.

- Какой имидж вообще у простого народа насчёт этих бизнесменов? Что они думают о них?

- Довольно интересно сложился стереотип русского бизнесмена. Это обычно молодой человек в возрасте от двадцати до пятидесяти лет, одетый в шикарный костюм, с шокирующим галстуком, который ездит на Мерцедесе или какой-нибудь машине высокого престижа. У него обычно есть охранник или *bodyguard*, который постоянно следует за ним куда бы они не ездили.

- Почему *bodyguard* нужен...Почему охранник нужен?

- Я думаю, что они просто боятся мафии.

- Что это такое мафия?

- Как вы знаете, российская мафия довольно быстро нашла хорошее положение в стране. Они контролируют чуть ли не семьдесят процентов русской экономики. Они накладывают свой процент на любой бизнес, и если вы не платите, то у вас появятся больше проблемы.

3.8Г

- Расскажите, пожалуйста, немножко о Третьякове. Кто был Третьяков?

- Третьяков—это довольно знаменитая личность. Он...я бы сказал, он был большим меценатом в России. А он занимался различной деятельностью, но я хочу сказать, что большое количество денег он отдавал на строительство разных учреждений, которыми пользовались люди города Москвы, например. В центре Москвы вы можете увидеть библиотеку, которая была построена на его деньги, а также галерею, которую он сам основал.

- Есть современные бизнесмены, которые делают то же самое, что и Третьяков?

- Я знаю, что есть...появились новые бизнесмены, которые начинают вкладывать деньги в промышленность. Раньше они занимались только торговлей, а теперь они вкладывают в строительство собственных заводов. То есть, появился сдвиг в положительную сторону. Также некоторые для своей собственной рекламы субсидируют различные мероприятия, как например телевизионные программы или строительство детских садов и школ. Но таких примеров немного.

- Хорошо. Эти новые русские покупают искусство?

- Да. Многие из них интересуются искусством и собирают личные коллекции.

Как вы наверно знаете, в Лондоне на аукционах появляются интересного вида люди, которые покупают самые дорогие картины и увозят их в Москву. Я думаю, что это очень новая тенденция. Раньше искусство вывозилось из России. Теперь богатые русские бизнесмены покупают их и возвращают в страну, хотя и для своей собственной колекции.

- Последний вопрос. Если молодой русский человек скажет своим родителям, что он хочет стать бизнесменом, какая реакция будет у родителей?

- Я думаю, что родители будут рады, потому что старшему поколению сейчас намного сложнее. Для молодых есть все возможности пойти в бизнес, и они надеются, что их сын или дочь будут более предприимчивы в бизнесе, чем были их родители.

3.12

Рекламная кампания в Филиппинах стала кошмаром для американской фирмы «Пепси-Кола». За 18 месяцев после начала рекламной игры, «Пепси» потратила 11 миллионов долларов США, чтобы спасти свою репутацию в этой небогатой стране Юго-Восточной Азии.

Кошмар начался 25 мая, когда компания объявила приз в миллион песо, для того, у кого окажется бутылка с номером 349. Фирма поняла, что была большая ошибка компьютера, когда тысячи людей стали требовать приз. Продажа «Пепси» значительно упала, и её доля на рынке упала с 26 процентов до 17. Чтобы успокоить покупателей, «Пепси» предложила каждому с бутылкой номер 349 выплатить по 500 песо в знак «доброй воли». После этого, продажа «Пепси» начала подниматься, и её доля на рынке достигла 22 процентов.

4. ИСКУССТВО

4.3А

Сегодня мы предлагаем вам следующие экскурсии:

Первая: Большой зал консерватории. «Молодые таланты России». Чистякова (меццо-сопрано), Майсурадзе (тенор). Арии из опер, романсы русских композиторов, русские народные песни.

Вторая: Театр-Эстрады: варьете—поёт и танцует комик Фёдор Минаев.

Третья: Антикварно-художественная галерея «Гелос». Представлены изделия из серебра и бронзы (греческой школы II века). Среди живописных работ наиболее интересны иконы Северной школы иконописи (XVII века).

4.3 Б

Майя Плисецкая родилась в ноябре 1925-ого года. Дождливым июньским днём 1934 года её привели на экзамен в балетное училище. Она танцевала 30 лет, с 1947 по 1977. Тридцать лет—целая жизнь. Балет Чайковского, «Лебединое озеро», она станцевала более восьмисот раз, и она часто говорит, что именно этот балет сыграл решающую роль в её жизни. С труппой Большого театра она много раз танцевала в Америке, в Париже, словом, во всех престижных театрах мира, но тем не менее она считает Большой театр самым красивым и удобным в мире. Её муж Родион Щедрин—композитор.

4.6А

- Русские вообще предпочитают посещать театр или кино?

- Трудно сказать. Я думаю, что молодёжь предпочитает ходить в кино. Но к сожалению сейчас в кино очень много американских фильмов. Совсем нет русских фильмов. Американские фильмы, которые показывают в кино обычно второстепенные, дешёвые американские фильмы. Там очень много насилия, преступлений, крови или фильмы ужасов какие-нибудь. И вот молодёжь такие фильмы и любит.

- И дорого стоит посещать кино?

- Да, довольно дорого. Гораздо дороже, чем, скажем, лет десять назад.

- И вы бы сказали, что молодые люди сейчас предпочитают смотреть видеофильмы дома, может быть?

- Видеофильмы сейчас очень популярны. Я думаю, что наверно одинаково. Некоторые предпочитают смотреть видеофильмы, некоторые любят ходить в кино. ▸

- А русские всё ещё любят театр?

- Да. Любители театра, те люди, которые по-настоящему любят театр, до сих пор стараются сходить на каждое новое...на каждую новую пьесу, на какой-то новый спектакль. Но, к сожалению, билеты на хорошие спектакли и в хорошие театры ужасно дорогие.

- И молодые с друзьями посещают кинотеатр, или они посещают театр, кино с родителями, или как?

- Зависит наверно от возраста. Я думаю, что когда им уже лет шестнадцать, они предпочитают ходить с друзьями, конечно.

- И вы сказали, что есть сейчас очень много не очень хороших фильмов. А есть хорошие русские фильмы?

- Да, они есть, но их меньше потому, что у русских киностудий меньше денег сейчас. Производство фильма сейчас стоит очень дорого. Поэтому хорошие фильмы есть, но...наверно...может быть выходит только несколько хороших фильмов в год. Может быть там шесть или сколько-то...меньше десяти. Раньше были десятки фильмов. Сейчас тоже есть хорошие фильмы. Вот например я недавно посмотрела очень хороший русский фильм Михалкова «Утомлённые солнцем». Мне очень понравился.

- Почему?

- Ну, это был фильм, сделанный в таких лучших традициях настоящего русского кино, хороших традициях, и поэтому его можно было смотреть с каким-то чувством ностальгии. Ну, и по содержанию его, конечно, тоже, но и по тому, как он был сделан.

- А содержание какое?

- А содержание его...о тридцатых годах...сталинизм...и о том, как сталинизм сказывается на жизни обыкновенной русской семьи—ну не обыкновенной русской семьи, но показывается как сталинизм влиял на обычных людей.

- А когда вы, например, посещаете театр, вы предпочитаете смотреть, скажем, пьесу, или оперу, балет? Как?

- Ну, я лично предпочитаю смотреть балет или пьесы. Я думаю, что это зависит от человека. Некоторые любят оперу больше. Может быть, люди постарше любят оперу. Да, я думаю так.

- В России есть особенно, вот, популярные киноактёры, киноактрисы?

- Да, конечно, есть. И даже в популярных изданиях, таких, например, как журнал «Огонёк» или молодёжные газеты, часто проводится месячный рейтинг этих актёров. Есть рейтинг зарубежных актёров и есть рейтинг русских актёров. А из зарубежных актёров, все те актёры, которые популярны сейчас на западе, популярны в России.

4.6 Б

Из Петербурга в Москву приехал знаменитый на весь мир Малый драматический театр под руководством Льва Додина. Привезли пять спектаклей (гастроли продлятся до 12 ноября) на старой сцене Театра на Таганке. Кроме чеховского «Вишнёвого сада» и трёх современных спектаклей—инсценировка по Достоевскому «Бесы». Этот спектакль идёт целый день, с 12 часов до позднего вечера, в трёх частях.

4.10

Петр Ильич Чайковский родился 7 мая 1840 года в семье начальника Воткинского завода. Воткинск, где провёл своё детство будущий композитор, был посёлок при заводе, и не очень отличался от деревни. Именно здесь, в деревне, в провинции, Пётр Ильич познакомился с русской народной песней, которая так повлияла на его музыку своей чистой красотой. Когда Чайковскому исполнилось 10 лет, пришло время серьёзно подумать о его образовании. В конце августа 1850 года отец привез Петра Ильича в Петербург. Молодой Петр Ильич болезненно пережил разлуку с родным домом, с семьёй, с любимой матерью. В 1852 году семья Чайковских переехала в Петербург, и Пётр Ильич жил дома, в семье, до самого окончания училища.

5. МОЛОДЁЖЬ

5.3А

У меня свободного времени вообще мало...то есть днём я очень занята в институте (занимаюсь английским языком, хотела бы стать учителем), а по вечерам я или помогаю маме, или работаю переводчиком—у нас в городе много совместных предприятий; мне очень повезло—устроилась на одном таком предприятии и работаю два, три вечера в неделю, занимаюсь переводами с английского на русский. Без моего заработка трудно было бы сводить концы с концами. Бабушка живёт в другом районе, минутах в тридцати езды от нас, и я всегда стараюсь съездить к ней в субботу, после обеда. Мы с сестрой очень любим ходить в ресторан с друзьями, или в кино, но конечно, это ужасно дорого стоит, поэтому чаще всего мы приглашаем друзей к себе домой, или мы ходим к друзьям. Вообще, мы умеем веселиться, даже если у нас не хватает денег на рестораны и дискотеки.

5.3Б

В наше время учебная программа была единой по всей стране. Платных школ вообще не было, а сейчас открываются новые лицеи, гимназии, где изучение предметов избирательно, то есть перед нашими детьми уже отркылся кое-какой выбор. Дисциплина была очень строгой, даже я бы сказала железной. Нам надо было воспроизводить то, что учителя нам рассказывали. Сейчас, как мне кажется, в школах дисциплина не такая уж строгая, и у детей появилась возможность развивать личность. Конечно, наши школы должны готовить учеников к жизни в 21-ом веке, вот почему крайне важно нашим детям заниматься информатикой, электроникой...в большинстве наших школ дети уже занимаются этими предметами.

5.5А

Что такое «русский рок»? Прежде всего, ·рок-музыка—это искусство, которое синтезирует в себе и театр (певцы—великолепные актёры) и живопись (огромное количество художников работает над реализацией рок-программ). Русский рок родился сначала как копия западного, как модное увлечение нашей молодёжи. У нас появился рок-н-ролл отчасти и потому, что молодым хотелось показать режиму язык в знак протеста. Десять лет назад наши рок-фаны пели песни на английском языке, но современная молодёжь поняла, что есть своя страна и свой язык. Появились настоящие русские звёзды—Гребенщиков, Кенщев, Бутусов.

5.5Б

- Какова жизнь сейчас у молодого человека в России?

- Я думаю, что жизнь хорошая. Зависит, конечно, от человека. Смотря чем занимаешься. Если занимаешься тем, что тебе нравится, то жизнь хорошая.

- Вообще много слышим сейчас о проблемах.

- Ну, да, проблемы тоже есть. Я думаю, что много стало детей на улицах, бездомных детей. Распадаются семьи, и государство уже сейчас так не заботится о детях. Поэтому многие дети просто убегают из дома и живут на улице. Это одна проблема. Другая проблема—это алкоголизм среди молодёжи. Стало как-то больше свободы, никто за людьми не следит за молодыми, и они собираются вместе, пьют, вот, и очень много даже пьяных можно видеть в автобусе, в метро.

- А почему, вы думаете, они пьют?

- Я думаю, что пьют те, которым нечего делать, которые не могут найти себе занятие по душе, которые не хотят учиться. Есть—но я сказала, что жизнь хорошая, но это потому, что я учусь в институте и мне интересно, а есть люди, которым не интересно учиться, которые не видят смысла в образовании, не хотят заниматься бизнесом потому, что им не нравится сама идея денег. Итак, просто, ходят по улицам, собираются в компании... Есть люди, которые хотят денег, но не хотят работать. Поэтому они начинают...встают на путь мелкого преступления. Начинают сначала с мелочей, потом начинают делать более крупные дела.

5.5В

- А если не учишься в институте, надо служить в армии сейчас?

- Сейчас в армии служить не надо, если учишься в институте, по-моему, нет.

- А если не учишься?

- А если не учишься, то надо, но большинство молодых людей стараются как-то от этого увильнуть. Стараются или получить какую-нибудь фальшивую справку медицинскую...

- Что это значит, справка?

- А это значит такой сертификат о том, что у тебя какая-то болезнь. Например, может быть даже психическая болезнь или какая-нибудь болезнь, например что-нибудь с желудком или с печенью, с сердцем. И вот стараются получить такие справки, ну, любыми путями.

- Хорошо. Конечно, недавно исчезла, как это, политическая стабильность из русского общества. Это влияет на молодёжь?

- Да, конечно влияет. Не стало цели в жизни, не знаешь в каком направлении идти. Вот нет какого-то, такого направления, к чему стремиться. Но многие хотят...некоторые хотят получить образование, да. А другие просто не видят смысла в жизни. Некоторые обращаются к религии. Другие, как я уже сказала, болтаются по улицам, пьют, даже наркотики начинают употреблять. Вот...и...раньше были какие-то организации, был комсомол, хотя его и все ругали, были пионеры. Комсомол—это коммунистическая организация молодёжи, с четырнадцати лет молодёжи. Пионеры—это с девяти до четырнадцати. Хотя сейчас всё это ругают потому, что они были идеологическими организациями, они предоставляли возможность молодым людям заниматься в клубах, в кружках по интересам, съездить за город, быть в пионерских лагерях—ну, всё, что угодно. А сейчас этого всего нет. За все такие занятия нужно платить большие деньги. Вот ещё одна причина, почему молодёжь на улице.

- Вы немножко знаете о жизни молодых людей на западе. Чем отличается жизнь молодого человека в России?

- Я думаю, что люди в России наверно больше зависят от своих родителей. В Англии молодые люди стараются уехать из родного дома как можно дальше, когда они поступают в университет. А в России стараются жить дома сейчас потому, что это дешевле, да и спокойнее, я думаю. Как-то спокойнее жить в родном городе потому, что преступности больше стало.

- Какая самая интересная страна для молодого человека в России? Где он хотел бы жить?

- Для кого как. Многие по-прежнему предпочитают Россию всем другим странам. Многим очень нравится Америка потому, что это такая яркая, привлекательная страна. А потом из России не видно какие в Америке существуют проблемы.

5.9

Россия сейчас переживает сложный период, период перемен в общественной жизни, поэтому трудностей много. У молодёжи появилось больше возможностей, но в то же время больше трудностей. Современные молодые люди стоят перед проблемой выбора. У людей моего поколения никогда не было такой проблемы. Мы все шли хорошо знакомой дорогой: школа, институт, работа. Сейчас молодые родители долго выбирают школу для своего ребёнка...хотят выбрать более престижную школу. В школе ученикам старших классов предлагают факультативно изучать предметы по своему выбору. А после школы? Если раньше считалось престижным учиться в институте и получить высшее образование, то сейчас многие молодые люди предпочитают заниматься бизнесом, торговлей. И в то же время стало труднее получить профессию юриста, экономиста, так как много желающих поступить на юридический, экономический факультеты. Сильно упал престиж профессии врача, так как работа врача низко оплачивается. Некоторые молодые люди хотят быстро стать богатыми и встают на путь преступления.

Начинать семейную жизнь в такое время очень трудно. Невозможно купить квартиру и многие молодые семьи не решаются иметь больше двух детей.

6. РОССИЯ

6.4А

В Российской Федерации, которая занимает по численности населения (149 миллионов человек) пятое место в мире после Китая, Индии, США и Индонезии, проживает 130 народов разных этнических групп. Из них русских—около 130 миллионов, татар—более 5 миллионов. На русском языке в мире говорят 220 миллионов человек.

6.4Б

1. В саду у Владимирского собора построили высокую арку тёмно-красного полированного гранита. Это памятник первостроителям Петербурга.
2. Премьер-министр России вчера подписал пакет из девяти официальных соглашений. Документы планируют работу в сельскохозяйственной и промышленной сферах.
3. Вчера утром был серьёзно ранен 65-летний президент московского банка. Это произошло недалеко от его офиса на улице Чехова, 21, когда банкир шёл на работу пешком из дома.
4. Сегодня утром на международной конференции «Реформы в странах СНГ» мэр Петербурга сказал, что для того, чтобы продолжались экономические реформы в России нужно только одно—спокойная жизнь, меньше преступлений и больше работы.
5. Мы болеем не от хорошей жизни, а от плохой экологии. На вчерашнем заседании комиссии по экологии ещё раз было подчёркнуто, что состояние окружающей среды в наших больших городах слишком далеко от идеального.

6.4В

Грузовик едет далеко. В нём десять человек, которые прячутся от холода. Это наша экспедиция на Белое море. Снег кончился. Появилась луна, а с моря идёт туман. Мои спутники спят. Для них этот край давно стал просто рабочим местом, для них вся романтика ушла. Наконец сон побеждает холод, и я тоже засыпаю. Мне снится тёплое море юга...Просыпаюсь и вижу светлое морозное утро. Мы приехали в посёлок Кузомень. Посёлок производит удивительное впечатление. С одной стороны—бесконечная тундра, с другой—море, за посёлком—река. А прямо передо мной—пустые дома, заброшенная школа-интернат. Когда-то в ней шумели детские голоса, а сейчас играет ветер.

Обычная история Севера—посёлок умирает.

На улице в основном встречаются старики, но есть и молодые. Все идут в одном направление—в магазин. Сегодня привезли продукты. В магазине полно народу, здесь что-то вроде клуба. Сюда приходят поговорить друг с другом, услышать свежие новости. Спрашивают у нас: откуда, зачем приехали так далеко? Здесь сначала скептически относятся к городским, но потом отношения меняются. Хотя в наш успех никто не верит, все готовы помочь нам и на следующее утро мы отправляемся...

6.6

Россия богата полезными ископаемыми—там есть и нефть, и уголь, и железная руда, и газ, и золото, и серебро и алмазы. Самые богатые месторождения нефти в Западной и Восточной Сибири. Россия добывает 25-30% газа от общей мировой добычи. Полезные ископаемые добываются в огромных количествах на Урале.

6.7A

Стоит ли иметь дело с русскими? Такой вопрос задают себе тысячи бизнесменов на Западе и на Востоке. С одной стороны России нужен большой капитал. Это страна с колоссальными ресурсами, потенциалом в людях, огромным рынком, миллионами покупателей и клиентов, которые открывают фантастические возможности для бизнеса. С другой стороны, экономические трудности, политическая нестабильность и рост преступности—эти и многие другие факторы могут поставить инвестиции капиталов под угрозу.

Так, стоит ли работать в России? Тридцативосьмилетний бизнесмен, Гидеон Вайнбаум, думает, что стоит. Он президент одной из ведущих компаний, и с 1989г. он—глава российско-немецкого предприятия. Он абсолютно уверен, что как только обстановка стабилизируется, в России начнётся экономический бум. По его мнению, сейчас лучший момент для вложения капитала в российскую экономику. Он думает, что риск не такой большой, как может показаться. Надо помнить, что несмотря на все драматические изменения и на сегодняшние трудности, Россия остаётся самой большой страной в мире. Она сказочно богата природными ресурсами, в ней живут умные, привлекательные люди, с которыми просто интересно иметь дело. Гидеон Вайнбаум уверен, что тот, кто делает сейчас инвестиции в России, работает как в интересах России, так и в своих собственных интересах.

- Россия огромная страна. А где лучше жить, с точки зрения климата, например?

- Я думаю, что с точки зрения климата лучше жить поближе к воде. Поэтому многие жители России предпочитают жить на берегах рек или морей. К счастью у нас достаточно и того и другого.

- И почему это так?

- Обычно воздух намного чище и возможность поплавать летом на море или позагорать на пляже всегда создаёт более благоприятную атмосферу.

- А с точки зрения, например, экономики, где лучше жить?

- В этом плане я считаю, что чем больше город, тем больше возможностей. Например я лично сам из города Ростова, но учусь я в Москве и думаю, что в Москве больше всего возможностей для молодых людей. Поэтому, за последние несколько лет в Москву приехало громадное количество молодых людей из самых разных республик.

- И какие возможности существуют?

- Самые разные возможности существуют, как в области образования (в Москве, как вы знаете, громадное количество университетов и институтов) а также для бизнеса. Чем больше людей, тем больше возможность заработать.

- А есть, скажем, опасные места, места, где опасно жить?

- Несомненно. После того, как Советский Союз распался, возникли многие национальные проблемы, межконфликтные ситуации, как например с Чечнёй сейчас. Поэтому, республики, которые находятся на границе с Чечнёй, конечно, страдают. Там много беженств...беженцев и, конечно, все боятся военных событий.

- А, значит, молодые люди вообще предпочитают жить в Москве, да?

- Да, да.

- А...ну...люди постарше, что они предпочитают? Где они предпочитают жить?

- Постарше, я думаю, люди предпочитают жить в городах поменьше потому, что там спокойнее, атмосфера почище и размеренность жизни, конечно, помедленее.

- А вы бы сказали, что есть разницы в культурной жизни в разных районах?

- Несомненно. В больших городах у вас, конечно, будет намного больше возможностей ходить в театр, в кино или на концерты. Особенно для молодёжи, которая любит ходить на концерты. Современные, популярные группы не поедут в маленькую деревню. Они, конечно, будут выступать в больших городах.

6.7B

- А трудно жить, скажем, в Сибири из-за холода?

- Да, и не только из-за холода. Свежие продукты довольно сложно перевезти через такое громадное расстояние, как из Москвы в западную Сибирь, или в города дальнего востока. Поэтому жители там ориентируются больше на Японию, с которой налаживаются всё лучшие и лучшие отношения, особенно в экономическом плане. Я думаю, что потенциальные возможности есть в разных республиках, как, например, в Казахстане или в Грузии, которая находится, как вы знаете, на побережье Чёрного моря. Там громадный потенциал для туризма. Но в связи с тем, что сейчас там много национальных конфликтов, там всё находится в застое, хотя потенциал огромен.

DEUTSCHE ÜBERSETZUNG DER ÜBUNGEN IN ENGLISCHER SPRACHE

1.4Б

1. Der erste Feiertag im Jahr ist...
2. Weihnachten wird in Rußland...gefeiert...
3. Zu Weihnachten...die Russen gewöhnlich...
4. Der nächste Feiertag ist der 8. März, an dem...
5. Der 23. Februar war früher...
6. Die Russen lieben den Mai, weil...

3.8B

1. Wie bezeichnet Pjotr einen russischen Geschäftsmann?
2. Mit welchen Ländern handeln russische Geschäftsleute?
3. Was (a) exportieren und (b) importieren sie?
4. Was für eine Rolle spielen Frauen heutzutage im russischen Geschäftsleben?
5. Wie stellt man sich den typischen russischen Geschäftsmann aus, nach Pjotrs Meinung?
6. Was sagt er über die russische Mafia?

3.12

'Nach dem beginn der neuen Werbungskampagne, werden die Verkaufsziffern steigen, und der Marktanteil wird 20% erreichen,' sagte der Leiter des neuen gemeinsamen Unternehmens. 'Dann, als Zeichen guten Willens, werden wir ein Spiel ankündigen, das Kunden jede Woche spielen können, mit einem Gewinn von einer Million Rubel.'

4.11

Der Opernverein der siberischen Provinzstadt, in der der weltberühmte Sänger geboren war, beschloß, ihm eine Einladung zu schicken. Seine Antwort war: 'Ich habe soeben die Einladung empfangen, die Sie nur vorige Woche geschickt haben. Natürlich vermisse ich meine Heimatstadt, meine Familie und Freunde, die ich selten sehe, da ich den größten Teil des Jahres im Ausland verbringe. Ich nehme Ihre Einladung mit Freude an.'

5.4

Официальные данные показывают, что 10% московских школьников (Versuche mit...machen - пробовать/по-) наркотики, хотя эта цифра, наверное, гораздо больше. И если раньше думали, что одного эксперимента над собой (würde...

116

sein - быть) достаточно для того, чтобы приобрести признание друзей, то сегодня молодёжь уверена, что (man muß - надо) пробовать как можно больше и самых разных наркотиков. Когда пробуешь, все согласны, что ощущения неприятные, но зато (siehst du - видеть/у-) сны такие, что истории про Фредди Крюгера ([wie...] vorkommen - показываться/показаться) детскими рассказами. Такие вещи (kommen vor - происходить/произойти), которые никто не забудет. Один мой друг попробовал какой-то препарат, когда он должен был поехать на дачу с семьёй. Он очень (war erstaunt - удивляться/ удивиться), когда три дня спустя он проснулся в электричке и узнал, что уже (auf dem Weg...war - ездить/ехать//поехать) домой.

Врачей часто спрашивают, (verursachen werden - приводить/привести) ли многочисленные эксперименты к заметным изменениям в человеке. Обычно отвечают, что да. Говорят, что сердце, печень, почки и желудок (funktionieren werden - работать/по-) не как прежде.

(Seite 69)

Я врач, работаю в Москве. Недавно я получила письмо от Маши, из московской области. Сначала, она сообщила, что она (schriebe - писать/на-) мне, потому что у неё больше (hätte - нет) выбора. Она призналась, что у неё нет друзей, что ей очень трудно, и что так она (lebe - жить) уже давно. Ей 15 лет. По её мнению даже мама не (liebte - любить/по-) её. Маша спросила, ([ob es] möglich [sei] - возможно) ли улучшить свою ситуацию, и она хотела знать (könne - мочь/с-) ли я помочь ей. В моём ответе я успокоила её, объяснила, что я часто (bekäme - получать/получить) такие письма и что то, что ([sie] durchmache - происходить/произойти) с ней *нормально*—очень-очень трудно бывает большинству людей в возрасте 13-16 лет. Я объяснила, что для того, чтобы иметь хорошие отношения с людьми, (sie müsse - надо) прежде всего научиться уважать себя—тогда и уверенность в себе (würde folgen - появляться/появиться).

5.5B

1. Es gibt zwei Möglichkeiten dem Militärdienst zu entgehen. Nennen Sie beide.
2. Wie haben sich die jüngsten politischen Veränderungen auf junge Leute ausgewirkt?
3. Was hält Tanja von den ehemaligen kommunistischen Jugendverbänden?
4. Wie unterschiedet sich, nach Tanjas Meinung, das Leben eines jungen Russen von dem eines jungen Engländers?
5. Wo würden junge Russen nach Tanjas Meinung am liebsten leben?

5.8

Es ist nicht immer leicht, jung zu sein. Junge Leute haben gewöhnlich viel Energie und gute Gesundheit, sie haben Hoffnungen und Erwartungen, aber sie haben auch Sorgen, besonders über Geld und ihren zukünftigen Beruf. Oft sind sie der Meinung, daß niemand ihre besonderen Probleme versteht. Obgleich manche ein glückliches Familienleben und viele Freunde haben, fühlen andere, daß niemand ihre Anspannung und Unsicherheit bemerkt.

6.5

(Bevor) узнаешь историю русской матрёшки, когда смотришь на эту весёлую, толстую куклу, трудно поверить, что она уже отметила свой столетний юбилей. Деревянная расписная кукла—матрёшка—действительно появилась в России в 90-х годах прошлого века, (nachdem) появился в обществе большой интерес к национальной культуре. (Seitdem) был такой интерес, создалось целое художественное направление «русский стиль», который обратился к традициям народного творчества. (Damit) талантливые художники могли работать нормально, большие промышленники основали современные мастерские. Вскоре (nachdem) художник Сергей Малютин стал одним из инициаторов и пропагандистов «русского стиля», он придумал идею расписной деревянной куклы, которая изображала круглолицую деревенскую девушку. Кукла открывалась, и внутри неё была другая, поменьше, которая тоже открывалась...Всего восемь фигурок, которые входили одна в другую и различались не только размером, но и росписью.

(Obwohl) матрёшка стала символом России для туристов, идею её создания подсказала Малютину японская игрушка, которую одна из его знакомых привезла в Россию с острова Хонсю, (kurz bevor) он придумал свою русскую куклу. Куклу назвали Матрёшкой не случайно. В дореволюционной российской провинции одним из самых популярных было имя Матрёна, Матрёша, (от латынского «mater»—мать).

6.8

(Obwohl) 27 декабря с помощью авиаторов были доставлены газовые печи в посёлок Ягодное, в тот же день из посёлка эвакуировали 478 человек. Посёлок получил печи, (nachdem) глава администрации попросил помощь Ягодному. Всё началось (als Folge davon, daß) 15 декабря в этом небольшом районном центре было остановлено центральное отопление. Причина такая: транспортникам не заплатили зарплату, и (anstatt) продолжать работать, они решили больше не доставлять уголь. В результате посёлок с населением 9 тысяч жителей остался практически без тепла при морозе в 50 градусов! (Um) помочь жителям, местным властям надо было предложить всем выехать из посёлка. Однако, желающих покинуть своё жильё оказалось не так много. (Bevor) они решают уехать, люди, которые провели всю жизнь на Севере и привыкли жить в трудных условиях, готовы долго терпеть!

TRADUCTION FRANÇAISE DES EXERCICES EN LANGUE ANGLAISE

1.4Б

1. Le premier jour férié de l'année est...
2. Les Russes fêtent Noël...
3. En général à Noël ils...
4. Le jour férié suivant est le 8 mars, quand...
5. Le 23 février était...
6. Les Russes aiment le mois de mai parce que...

3.8B

1. Comment Piotr définit-il un homme d'affaires russe?
2. Avec quels pays les hommes d'affaires russes traitent-ils?
3. Qu'est-ce qu'ils (a) exportent et (b) importent?
4. Quel rôle les femmes jouent-elles dans le monde des affaires russes?
5. Selon Piotr, quelle est l'image stéréotypée d'un homme d'affaires russe?
6. Que dit-il à propos de la mafia russe?

3.12

'Après le début de la nouvelle campagne publicitaire, les ventes augmenteront et la part du marché atteindra 20%,' annonça le chef de la nouvelle co-entreprise. 'Ensuite, en signe de bonne volonté, nous annoncerons un jeu auquel les clients pourront jouer toutes les semaines, avec un lot d'un million de roubles.'

4.11

Le club d'opéra de la ville provinciale en Sibérie où le chanteur de renommée mondiale est né décida de lui envoyer une invitation. Voici sa réponse: 'Je viens de recevoir l'invitation que vous m'avez envoyée la semaine dernière. Bien sûr, ma ville natale, ma famille et mes amis me manquent; je les vois rarement parce que je passe la plus grande partie de l'année à l'étranger. J'accepte votre invitation avec plaisir!'

5.4

Официальные данные показывают, что 10% московских школьников (ont essayé - пробовать/по-) наркотики, хотя эта цифра, наверное, гораздо больше. И если раньше думали, что одного эксперимента над собой (était - быть) достаточно для того, чтобы приобрести признание друзей, то сегодня молодёжь уверена, что (il est nécessaire - надо) пробовать как можно больше и самых разных наркотиков. Когда пробуешь, все согласны, что ощущения неприятные, но зато (tu vois - видеть/у-) сны такие, что истории про Фредди Крюгера (ressemblent à - показываться/показаться) детскими рассказами. Такие вещи (arrivent - происходить/произойти), которые никто не забудет. Один мой друг попробовал какой-то препарат, когда он должен был поехать на дачу с семьёй. Он очень (était surpris - удивляться/удивиться), когда три дня спустя он проснулся в электричке и узнал, что уже (retournait - ездить/ехать//поехать) домой.

Врачей часто спрашивают, (apporteront - приводить/привести) ли многочисленные эксперименты к заметным изменениям в человеке. Обычно отвечают, что да. Говорят, что сердце, печень, почки и желудок (fonctionneront - работать/по-) не как прежде.

(page 69)

Я врач, работаю в Москве. Недавно я получила письмо от Маши, из московской области. Сначала, она сообщила, что она ([m'] écrivait - писать/на-) мне, потому что у неё больше (elle n'avait pas - нет) выбора. Она призналась, что у неё нет друзей, что ей очень трудно, и что так она (vivait - жить) уже давно. Ей 15 лет. По её мнению даже мама не ([l'] aimait pas - любить/по-) её. Маша спросила, (s'il était possible - возможно) ли улучшить свою ситуацию, и она хотела знать (si je pouvais - мочь/с-) ли я помочь ей. В моём ответе я успокоила её, объяснила, что я часто (reçois - получать/получить) такие письма и что то, что ([lui] arrivait - происходить/произойти) с ней *нормально*—очень-очень трудно бывает большинству людей в возрасте 13-16 лет. Я объяснила, что для того, чтобы иметь хорошие отношения с людьми, (elle devait - надо) прежде всего научиться уважать себя—тогда и уверенность в себе (apparaîtrait - появляться/появиться).

5.5B

1. Indiquez deux façons d'éviter le service militaire.
2. Comment les récents changements politiques ont-ils affecté les jeunes?
3. Que pense Tania des anciennes organisations communistes pour les jeunes?
4. Selon Tania, comment la vie d'un jeune russe diffère-t-elle de celle d'un jeune britannique?
5. Où Tania pense-t-elle que les jeunes russes préféreraient vivre et pourquoi?

5.8

Etre jeune n'est pas toujours facile. Généralement les jeunes disposent de beaucoup d'énergie et sont en bonne santé, ils ont des espérances et des aspirations, mais ils ont aussi des inquiétudes, surtout en ce qui concerne l'argent et leur avenir professionnel. Souvent ils ont le sentiment que personne ne comprend leurs problèmes particuliers. Certains ont des amis et une vie familiale heureuse, mais d'autres ont le sentiment que personne ne remarque leur tension et leur incertitude.

6.5

(Avant que) узнаешь историю русской матрёшки, когда смотришь на эту весёлую, толстую куклу, трудно поверить, что она уже отметила свой столетний юбилей. Деревянная расписная кукла—матрёшка—действительно появилась в России в 90-х годах прошлого века, (après que) появился в обществе большой интерес к национальной культуре. (Depuis que) был такой интерес, создалось целое художественное направление «русский стиль», который обратился к традициям народного творчества. (Afin que) талантливые художники могли работать нормально, большие промышленники основали современные мастерские. Вскоре (après que) художник Сергей Малютин стал одним из инициаторов и пропагандистов «русского стиля», он придумал идею расписной деревянной куклы, котрая изображала кругло-лицую деревенскую девушку. Кукла открывалась, и внутри неё была другая, поменьше, которая тоже открывалась...Всего восемь фигурок, которые входили одна в другую и различались не только размером, но и росписью.

(Malgré le fait que) матрёшка стала символом России для туристов, идею её создания подсказала Малютину японская игрушка, которую одна из его знакомых привезла в Россию с острова Хонсю, (juste avant que) он придумал свою русскую куклу. Куклу назвали Матрёшкой не случайно. В дорево-люционной российской провинции одним из самых популярных было имя Матрёна, Матрёша, (от латынского «mater»—мать).

6.8

(Malgré le fait que) 27 декабря с помощью авиаторов были доставлены газовые печи в посёлок Ягодное, в тот же день из посёлка эвакуировали 478 человек. Посёлок получил печи, (après que) глава администрации попросил помощь Ягодному. Всё началось (à la suite du fait que) 15 декабря в этом небольшом районном центре было остановлено центральное отопление. Причина такая: транспортникам не заплатили зарплату, и (au lieu de) продолжать работать, они решили больше не доставлять уголь. В результате посёлок с населением 9 тысяч жителей остался практически без тепла при морозе в 50 градусов! (Afin de) помочь жителям, местным властям надо было предложить всем выехать из посёлка. Однако, желающих покинуть своё жильё оказалось не так много. (Avant que) они решают уехать, люди, которые провели всю жизнь на Севере и привыкли жить в трудных условиях, готовы долго терпеть!

Русско-немецко-французский словарь

авария	Unfall, Panne	accident, panne
автоответчик	Anrufbeantworter	répondeur
акушерка	Hebamme	sage-femme
акция	Aktie	action
алмаз	Diamant	diamant
армия	Armee	armée
артист	Künstler	artiste
беда	Pech	malheur
безбрежный	grenzenlos	illimité
безденежье	Geldmangel	manque d'argent
битва	Schlacht	bataille
благодарить/по-	danken	remercier
благодаря (+ дат.)	wegen	grâce à
благотворительность (ж.)	Wohltätigkeit	bienfaisance
богатый	reich	riche
божество	Göttlichkeit	divinité
бокал	Glas	verre
болтаться/по-	sich herumtreiben	flâner
большинство	Mehrheit	plupart
борьба	Kampf	lutte
бояться/по-	fürchten	avoir peur
будущее	Zukunft	avenir
буква	Buchstabe	lettre
бунт	Aufstand	révolte
быт	Alltagsleben	vie quotidienne
ваучер	Gutschein	bon
вдова	Witwe	veuve
вдоветь/о-	verwitwet werden	devenir veuf/veuve
вдруг	plötzlich	soudain
ведущий	führend	principal, de premier plan
век	Jahrhundert	siècle
великодушный	großmütig	magnanime
великолепный	großartig	magnifique
веселиться (несов)	Spaß haben	s'amuser
вечный [огонь]	ewig[e Flamme]	[flamme] éternelle
взгляд	Blick	coup d'œil
взглядывать/взглянуть	sehen, blicken	regarder, jeter un coup d'œil
вид: делать вид	so tun, als ob	faire mine de
видеокамера	Videokamera	caméscope
видеомагнитофон	Videorekorder	magnétoscope
витрина	Schaufenster	vitrine
вкладывать/вложить (в + вин)	investieren, anlegen	investir, placer
включать/включить	anschalten	allumer

владелец	Besitzer, Inhaber	propriétaire
владеть	besitzen; beherrschen	posséder
власти *(ж, мн.)*	Behörden	les autorités
влияние	Einfluß	influence
влиять/по- на *(+ вин.)*	beeinflussen	influencer
внутри	innen	à l'intérieur
вождь *(м.)*	Leiter	chef, guide
возможность *(ж.)*	Möglichkeit	occasion
возникать/возникнуть	auftreten	se présenter
возраст	Alter	âge
война	Krieg	guerre
волновать/вз-	beunruhigen	inquiéter
впечатление	Eindruck	impression
впоследствии	infolge(dessen)	par conséquent
вспоминать *(несов)*	Erinnerungen austauschen	évoquer ses souvenirs
вспомнить *(сов)*	sich erinnern	se rappeler
второстепенный	zweitklassig	de deuxième ordre
выбор	Auswahl	choix
выключать/выключить	abschalten	éteindre
выпивка	Getränk	boisson
выражаться/выразиться	sich ausdrücken	s'exprimer
выражение	Ausdruck	expression
выступать/выступить	erscheinen (im Fernsehen)	jouer; passer (à la TV)
вытирать/вытереть	abwischen	essuyer
выходить/выйти в эфир	gesendet werden	être diffusé
выходить/выйти замуж	heiraten (Frau)	se marier (femme)
выходной день	freier Tag	jour de congé
газета (вечерняя)	Zeitung (Abend-)	journal
галерея	Galerie	galerie
гастроли *(ж.)*	Tournée	tournée
глава:	Leiter, Vorsitzender:	tête:
во главе *(+ род.)*	an der Spitze	à la tête de
главный	Haupt-	principal
глубина	Tiefe	profondeur
годится: никуда не г.	ist nutzlos	ne vaut rien
годовщина	Jahrestag	anniversaire
гора	Berg	montagne
государственный	staatlich	public, de l'état
государство	Staat	état
граница	Grenze	frontière
гумно	Scheune	grange
дальний восток	der Ferne Osten	l'extrême Orient
данные	Daten	données
дарить/по-	schenken	offrir
дельный	geschäftsmäßig	pratique, efficace
День Победы	Siegestag	jour de victoire
деревянный	hölzern	en bois
детство	Kindheit	enfance
дешёвый	billig	de bon marché
диктор	Ansager	speaker, présentateur
дирижёр	Dirigent, Leiter	chef d'orchestre
длина	Länge	longueur

добрый малый	netter Kerl	brave type
добывать/добыть	gewinnen	extraire
документальный фильм	Dokumentarfilm	film documentaire
долгосрочный	langfristig	à long terme
доля на рынке	Marktanteil	part du marché
доставлять/доставить	liefern; überbringen	remettre
доход	Einkommen	revenu(s)
драма	Drama	drame
древний	alt, Altertums-	antique
душа: по душе	Seele: nach jds Geschmack	âme: à [son] goût
ему легко даётся	es ist leicht für ihn	il lui est facile
ерунда	Unsinn	sottises
жанр	Genre, Gattung	genre
жалеть/по-	bemitleiden	plaindre
жалко: мне жалко его	er tut mir leid	je le plains
жаловаться/по-	(sich be)klagen	se plaindre
желать/по-	wünschen	vouloir, souhaiter
железная руда	Eisenerz	minerai de fer
желудок	Magen	estomac
живопись *(ж.)*	Malerei	peinture
житель *(м.)*	Einwohner	habitant
журнал	Zeitschrift	revue
журналист	Journalist	journaliste
забота	Sorge, Besorgnis	souci
заботиться/по- (о + предл.)	sich kümmern, sich sorgen	se soucier de
заведующий	Geschäftsführer	directeur, administrateur
заведывающий	Betriebsleiter, Chef	chef
завидовать	beneiden	envier
заголовок	Schlagzeile	titre
загрязнение	Umweltverschmutzung	pollution
ЗАГС	Standesamt	(bureau de) l'état civil
задержка	Verspätung	délai, retard
заключать/заключить	beenden, schließen	conclure
заметка	Kommentar	commentaire
заметный	erkennbar	perceptible
замечание	Bemerkung	remarque
замечать/заметить	bemerken	remarquer
запрещаться/ запретиться	verboten werden	être défendu
заработок	Lohn	salaire
заслуживать/ заслужить (+ род.)	verdienen	mériter
зато	auf der anderen Seite	d'autre part
захлёбываться/ захлебнуться	ersticken	s'étrangler
земной шар	Erdkugel	la terre, le globe
злой	böse	mauvais
знакомство	Bekanntschaft	connaissance
знаменитый	berühmt	célèbre
значительный	bedeutend	considérable
золото	Gold	or

зрение	Sicht	vue
зритель (м.)	Zuschauer	spectateur
изба	Hütte (eines russ. Bauers)	hutte (d'un paysan russe)
известно	bekannt	connu
издание	Ausgabe	édition
издательство	Verlag	maison d'édition
изделие	Kunsthandwerk	objet artisanal
изменение	Veränderung	changement
изображаться/ изобразиться	dargestellt werden	être représenté
именины (мн.)	Namenstag	fête (d'une personne)
император	Kaiser	empereur
инсценировка	Inszenierung	mise en scène
ископаемые	Mineralien	minéraux
искусство	Kunst	art
исчезать/исчезнуть	verschwinden	disparaître
кабельное телевидение	Kabelfernsehen	télévision câblée
как можно больше	möglichst viel	le plus possible
как только	sobald	aussitôt que
канава	Graben	fossé
канал	Kanal, Sender	chaîne
карикатура	Karikatur	caricature
качество	Qualität	qualité,
кинескоп	Fernsehröhre	tube(-image)
кипятить	kochen	faire bouillir
коленчатый переулок	krumme Gasse	ruelle tortueuse
количество	Summe, Menge	quantité, nombre
колыханье	Pendeln	balancement
командировка	Geschäftsreise	voyage d'affaires
комедия	Komödie	comédie
комиксы	Comic-Heft	bande dessinée
коммуналка	Gemeinschaftswohnung	appartement en commun
композитор	Komponist	compositeur
компьюторная ошибка	Computerfehler	erreur d'ordinateur
контракт	Vertrag	contrat
кончик	Spitze	bout, pointe
корреспондент	Korrespondent	correspondant
крайне	äußerst	extrêmement
крайний: по крайней мере	wenigstens	au moins
крестьянин	Bauer	paysan
кровавый	blutig	ensanglanté
кровь (ж.)	Blut	sang
кроссворд	Kreuzworträtsel	mots croisés
круглолицый	rundgesichtig	au visage rond
кукла	Puppe	poupée
лавка	Laden	boutique
лаковый	lackiert	laqué
ландшафт	Landschaft	paysage
лекарство	Heilmittel, Medizin	médicament
ленивость (ж.)	Faulheit	paresse
лепить/с-	bildhauern	faire de la sculpture
лес	Wald	forêt

лжец	Lügner	menteur
либо...либо...	entweder...oder...	ou...ou...
личность *(ж.)*	Persönlichkeit	personnalité
ложный	falsch	faux
любовь *(ж.)*	Liebe	amour
любой	jeder	n'importe lequel
мастерская	Atelier	atelier
международный	international	international
менеджер	Chef, Manager	patron, directeur, chef
местные власти	Gemeindeverwaltung	les autorités locales
местный	Orts-, örtlich, lokal, dortig	local, du pays
меховой	aus Pelz	de fourrure
мешок	Sack, Tasche	sac
микрофон	Mikrofon	microphone
милосердный	wohltätig	charitable
многочисленный	zahlreich	nombreux
модный	modisch	à la mode
молодёжь *(ж.)*	Jugend	les jeunes
молодость *(ж.)*	Jugend	jeunesse
море	Meer	mer
морские свинки	Meerschweinchen	cobayes
моторка	Motorboot	bateau à moteur
мужик	Bauer	paysan
музыкант	Musiker	musicien
мультфильм	Trickfilm	dessin animé
мыльная опера	rührseliges Familiendrama	feuilleton mélo
мысль *(ж.)*	Gedanke	pensée
наверно	wahrscheinlich	sans doute
надежда	Hoffnung	espoir
название	Name	nom
наличие	Anwesenheit	présence
напиток	Getränk	boisson
напоминать/напомнить	erinnern	rappeler
направление	Richtung	direction
напряжение	Spannung	tension
напряжённый	gespannt	tendu
наркотик	Droge, Rauschgift	drogue, narcotique
народный	Volks-	national, folklorique
население	Bevölkerung	population
насилие	Gewalt(taten)	violence
настоящее: в н. время	Gegenwart: gegenwärtig	présent: à présent
настроение	Stimmung	humeur
начальник	Chef	patron
недавно	neulich	récemment
недостаток	Nachteil, Mangel	désavantage, manque
недоступный	unerreichbar	inaccessible
независимый	unabhängig	indépendant
неизбежный	unvermeidlich	inévitable
немыслимый	unvorstellbar	inimaginable
необъятный	riesig, gewaltig, enorm	immense, vaste
неопределённый	unbestimmt	vague, incertain
непременно	ganz bestimmt	à coup sûr, sûrement

несообразность *(ж.)*	Absurdität	absurdité
нефть *(ж.)*	Öl	pétrole
новогодняя ночь	Neujahrsabend	Saint-Sylvestre
новости	Nachrichten	nouvelles
номер (сегодняшний)	Ausgabe (heutige)	édition (d'aujourd'hui)
нынешнее: в н. время	heutzutage	à présent
область *(ж.)*	Gebiet, Bereich	région
обобщать/обобщить	verallgemeinern	généraliser
образование	Bildung	éducation
образовательная ценность	Bildungswert	valeur éducative
общаться	verkehren mit	fréquenter
общество	Gesellschaft	société
объявлять/объявить	kundgeben	annoncer
объявление	Anzeige	annonce
обычай	Sitte	coutume
ограничение	Beschränkung	limite
одеваться/одеться в (+ вин.)	sich anziehen/verkleiden als	s'habiller en
одинаковый	derselbe	identique, le même
однажды	einmal	une fois
оказывать/оказать вредное действие	eine schädliche Auswirkung haben	avoir une influence néfaste
оказываться/оказаться	sich herausstellen (als)	se révéler, s'avérer
океан	Ozean	océan
окружающая среда	Umwelt	environnement, milieu naturel
опасный	gefährlich	dangereux
оператор	Kameramann	cadreur, cameraman
оркестр	Orchester	orchestre
основной	grundsätzlich	fondamental
основывать/основать	gründen	fonder
остров	Insel	île
осуждать/осудить	verurteilen	condamner
отдавать/отдать	überreichen	remettre
отдельный	getrennt, separat	séparé
отказываться/отказаться	sich weigern	se refuser
отличаться/отличиться	sich unterscheiden	différer
отмечать/отметить	feiern	marquer, fêter
отношение	Verhältnis; Zusammenhang	attitude, rapport
отрада	Freude	joie
отражаться/отразиться	sich spiegeln	se refléter
отрасль *(м.)*	Filiale	succursale
отставать от времени	rückständig sein	être vieux jeu
отсутствие	Abwesenheit, Fehlen	absence
охота же быть романтиком	[er] kann leicht Romantiker sein	c'est bien joli d'être romantique
охранник	Leibwächter	garde du corps
ощущение	Gefühl	sensation
падать/упасть	fallen	tomber
палец	Finger	doigt
памятник	Denkmal	monument

память	Gedächtnis	mémoire, souvenir
параболическая антенна	Satellitenantenne	antenne parabolique
Пасха: на Пасху	Ostern: zu O.	Pâques; à Pâques
певец/певица	Sänger(in)	chanteur/chanteuse
педагог	Lehrer	professeur
переводчик	Dolmetscher	interprète
переворот	Revolution, Wende	révolution, coup d'État
передавать/передать	übertragen, senden	émettre
перемена	Veränderung	changement
переносить/перенести	ertragen	supporter
переписываться/ переписаться	neu geschrieben werden	être récrit
песенька: его п. спета	seine Glanzzeit ist vorüber	il est vieux jeu
печатать/на-	drucken	imprimer
печать *(ж.)*	Presse	presse
печень *(ж.)*	Leber	foie
печь *(ж.)*	Ofen	poêle
писатель *(м.)*	Schriftsteller	écrivain
питание	Essen	nourriture
плакать/за-	weinen	pleurer
платная школа	Privatschule	école privée
пляска	Tanz	danse
поведение	Benehmen	conduite
повесть *(ж.)*	Novelle, Erzählung	conte, nouvelle
повод: по поводу *(+ род.)*	betreffend	à propos
погибший	Todesopfer	victime
подавать/подать заявление	sich bewerben	faire une demande d'emploi
подниматься/подняться	nach oben gehen; steigen	monter
подписывать/подписать	unterschreiben	soussigner
подросток	Jugendlicher	adolescent
подсказывать/подсказать	andeuten	suggérer
подход	Ansatz	façon de se prendre
подчёркивать/ подчеркнуть	betonen	souligner
поздравлять/поздравить	gratulieren	féliciter
позорный	erbärmlich, schändlich	honteux
показывать/показать	zeigen	montrer
показывать язык	die Zunge herausstrecken	tirer la langue
покидать/покинуть	verlassen	quitter
поколение	Generation	génération
покрывать/покрыть	bedecken	couvrir
покрытие	Deckel	couverture
покупатель *(м.)*	Käufer	acheteur
покупать/купить	kaufen	acheter
положительный	positiv	positif
получать/получить	erhalten	recevoir
пользоваться/ис- пользоваться	gebrauchen	employer
пользоваться популярностью	Popularität genießen	être populaire
пользоваться случаем	die Gelegenheit nutzen	profiter de l'occasion

помещать/поместить объявление	eine Anzeige plazieren	mettre une annonce
помощник	Helfer	aide, assistant
помощь *(ж.)*	Hilfe	assistance, secours
по правде говоря	um die Wahrheit zu sagen	à vrai dire
по-прежнему	wie früher	comme auparavant
портить/ис-	verderben	abîmer
портиться/ис-	verderben	être abîmé
посёлок	Siedlung	hameau, habitation isolée
посещать/посетить	besuchen	visiter, faire visite
последние известия	das Neueste	dernières informations
постоянный	ständig	constant
посылать/послать	schicken	envoyer
потрёпанный	abgetragen, schäbig	miteux, usé
потрясать/потрясти	erschüttern	secouer
почка	Niere	rein
поэзия	Poesie	poésie
правительство	Regierung	gouvernement
право	Recht	droit
православный	orthodox	orthodoxe
праздник	Fest	fête
праздновать	feiern	célébrer
предприимчивый	einfallsreich	dynamique, plein d'initiative
предприниматель *(м.)*	Unternehmer	entrepreneur
предприятие	Unternehmen	entreprise
представлять/ представить себе	sich vorstellen	s'imaginer
прежде всего	zunächst einmal	surtout
преимущество	Vorteil	avantage
преподаваться	gelehrt werden	être enseigné
пресса	Presse	presse
преступление	Verbrechen	crime
прибыль *(ж.)*	Gewinn	profit
привлекательный	anziehend, reizvoll	attrayant
привыкать/привыкнуть	sich gewöhnen	s'habituer
приглашать/пригласить	einladen	inviter
придумывать/придумать	ausdenken	avoir l'idée, inventer
приём	Empfang	acceuil
приёмник	Empfänger	récepteur
признаваться/признаться	bekennen	avouer
признание	Anerkennung, Aufnahme	réception (favorable)
приказчик	Verkäufer *(veraltet)*	vendeur *(obsolète)*
приключение	Abenteuer	aventure
прилавка	Ladentisch, Stand	comptoire; éventaire
природные ресурсы	Naturschätze	matières premières
приходить/прийти в голову	einfallen	venir à l'esprit
причина: по каким причинам	Grund: aus welchen Gründen	raison: pour quelles raisons
пробовать/по-	probieren	essayer
проголодать *(сов)*	hungern	être affamé
программа	Programm, Kanal	chaîne

продавать/продать	verkaufen	vendre
продаваться/продаться	verkauft werden	être en vente
продюсер	Regisseur, Produzent	producteur, réalisateur
произведение искусства	Kunstwerk	œvre d'art
производство	Produktion	production
происходить/произойти	geschehen	se passer
промолвить (сов.)	sagen	dire
промышленность (ж.)	Industrie	industrie
пропускать/пропустить	verpassen	manquer
просыпаться/проснуться	erwachen	se réveiller
прочувственно	mit Gefühl	avec émotion/chaleur
прощальный вечер	Abschiedsparty	soirée d'adieux
прыгать/прыгнуть	springen	sauter
прямая передача	Livesendung	transmisson en directe
прятаться/с-	sich verbergen	se cacher
пугаться/ис-	sich erschrecken	s'effrayer
пустой	leer	vide
путь (м.): по пути	Weg: unterwegs	chemin: en route
радио	Radio	radio
радость (ж.)	Freude	joie
разведенный спирт	Desinfektionsalkohol	alcool dilué à 90°
развивать/развить	entwickeln	développer
разводиться/развестись	sich scheiden lassen	divorcer
разделиться (несов) (на + вин.)	geteilt werden	se partager
разлив	Überschwemmung	inondation
размер	Größe	taille
разница	Unterschied	différence
разногласие	Meinungsverschiedenheit	différend, conflit
разрешаться/ разрешиться	erlaubt werden	être permis
райцентр	Hauptstadt einer Region	centre régional
распадаться/ распасться	zerfallen	se désintégrer
распаковывать/ распаковать	auspacken	défaire la valise
расписной	bemalt	peint
рассеянность (ж.)	Zerstreutheit	étourderie
расстояние	Entfernung, Abstand	distance
редактор	Herausgeber	éditeur
редакция	Redaktion	rédaction
режиссёр	Regisseur, Produzent	réalisateur
резные ставни	geschnitzte Fensterläden	volets décorés
река	Strom, Fluß	fleuve
реклама	Reklame	réclame
рекламный ролик	Werbespot	annonce publicitaire
репортёр	Reporter, Korrespondent	correspondant
рецензия	Besprechung, Rezension	critique
рецепт	Rezept	recette
решительность (ж.)	Entschlossenheit	détermination
рисование	Zeichnen	dessin
рисунок	Zeichnung	dessin

ровесник	Peer, Gleichaltriger	pair
родина	Vaterland	patrie
родственник	Verwandter	parent
рождение	Geburt	naissance
Рождество: на Рождество	Weihnachten: zu W.	Noël, à Noël
росистый	taufeucht	couvert de rosée
рынок	Markt	marché
свадьба	Heirat	mariage
сводить концы с концами	durchkommen	joindre les deux bouts
связь: в связи с (+ твор.)	Glied: in Zusammenhang mit	lien: à propos de
святой	Heiliger, heilig	saint
сделать погромче	lauter machen	augmenter le son
сельское хозяйство	Landwirtschaft	agriculture
семейная жизнь	Familienleben	vie de famille
серебро	Silber	argent
сериал	Fortsetzungs-	feuilleton
сила	Kraft	force
сказка	Märchen	conte de fées
скульптор	Bildhauer	sculpteur
следить за (+ твор.)	überwachen	surveiller
слепоглухонемой	blind und taub	aveugle et sourd
служащий	Angestellter	salarié
служба	Dienst, Bedienung	service
служить/по-	dienen	servir
слух	Gerücht	bruit, rumeur
слушатель (м.)	Hörer	auditeur
смелость (ж.)	Schneid	audace
смысл	Sinn	sens
СНГ	GUS	CEI
снимать/снять	[einen Film] drehen	faire [un film]
собственный	eigen	propre
событие	Ereignis	événement
совет по делам прессы	Presserat	conseil de la presse
советовать/по-	raten	conseiller
советоваться/по-	sich beraten	consulter, prendre avis
совещание	Besprechung	réunion (d'affaires)
совпадать/совпасть	zusammenfallen	coincider
современный	zeitgenössisch	contemporain
содержание	Inhalt	contenu
содержаться	bewahrt werden; enthalten sein (in)	être préservé; être compris (dans)
создавать/создать	(er)schaffen	créer
солома	Stroh	paille
сомнение	Zweifel	doute
сон	Traum, Halluzination	rêve, hallucination
состоять (несов.) в (+ предл.)	bestehen aus	se composer de
состояться (несов.)	sich ereignen	se produire
сотрудник	Mitarbeiter	collègue
сочинение	Werk, Aufsatz	œuvre, rédaction
сочинять/сочинить	dichten, komponieren	composer
спектакль (м.)	Schauspiel, Show	pièce, spectacle

спешка: в спешке	Eile: in Eile	hâte, à la hâte
список	Liste	liste
спорить/по-	streiten	se disputer
справка	Zertifikat	certificat
спутник	Mitreisender	compagnon de voyage
спутниковое телевидение	Satellitenfernsehen	télévision par satellite
сравнивать/сравнить	vergleichen	comparer
сражение	Schlacht	bataille
средний	durchschnittlich	moyen
сталкиваться/ столкнуться	auf jemanden stoßen	rencontrer par hasard
статуя	Statue	statue
статья	Artikel	article
стихи	Verse; Poesie	vers; poésie
стоит ли?	lohnt es sich?	ça vaut la peine?
страна	Land	pays
строитель *(м.)*	Bauarbeiter, Bauunternehmer	constructeur
строительство	Bau	construction
стройность *(ж.)*	Harmonie	harmonie
судьба	Schicksal	destin, sort
сумасшедший	verrückt	fou
существенный	wesentlich	essentiel
существовать	existieren	exister
сущность: в сущности	im wesentlichen	essentiellement
счастливый	glücklich	content, heureux
считаться	betrachtet werden als	être consideré
табачные изделия	Tabakwaren	produits de tabac
таможня	Zoll	douane
танец	Tanz	danse
творить/со-	(er)schaffen	créer
творчество	Schaffen	création
телеаукцион	Fernsehauktion	vente aux enchères à la TV
телеведущий	Moderator	présentateur
телевидение: по телевидению	Fernsehen: im Fernsehen	télévision: à la TV
телевизор (что идёт по телевизору?)	Fernsehapparat: was gibt's im Fernsehen?	(poste de) télévision: qu'est-ce qu'il y a à la TV?
телезритель *(м.)*	Zuschauer	téléspectateur
телеман	Fernsehsüchtiger	fanatique de télévision
терпеть/по-	ertragen	supporter
течь (текла)	fließen	couler
товар	Ware	marchandise
толковать/рас-	erklären	expliquer
толстый	dick, fett	gras
только что	gerade	[vient] de
топанье	Stampfen	battement de pied
торговля	Handel	commerce
точка: с точки зрения	Punkt: vom Standpunkt	point: du point de vue
трагедия	Tragödie	tragédie
традиция	Tradition	tradition
тратить/по-	ausgeben	dépenser
тревога	Alarm	alarme

трогательный	rührend	attendrissant
трудолюбие	Fleiß	application, zèle
тундра	Tundra	toundra
тьма	Dunkelheit	obscurité
убирать/убрать	aufräumen	ranger
уважать *(несов.)*	respektieren	respecter
уверенность *(ж.)*	Vertrauen	confiance, certitude
увлечение	Begeisterung	passion
увы	ach	hélas
уголь *(м.)*	Kohle	charbon
узнавать/узнать	erkennen, herausfinden	reconnaître, découvrir
украшать/украсить	schmücken	décorer
улучшать/улучшить	verbessern	améliorer
унизительный	erniedrigend	humiliant
уничтожать/уничтожить	zerstören	détruire
упрямый	hartnäckig	obstiné
упускать/упустить возможность	die Gelegenheit versäumen	manquer une occasion
условие	Bedingung	condition
успех	Erfolg	succès
успешный	erfolgreich	couronné de succès
успокаивать/успокоить	beruhigen	calmer
устраивать/устроить	einrichten, organisieren	arranger
устраиваться/устроиться на работе	eine Stelle finden	trouver un emploi
утешать *(несов.)*	trösten	consoler
утомлённый	erschöpft	éreinté
участвовать	teilnehmen	se participier
учёный	Wissenschaftler, Fachmann	savant, expert
фельдшер	Hilfsarzt	auxiliaire médical
филиал	Filiale	succursale
фильм ужаса	Horrorfilm	film d'épouvante, d'horreur
фонарь *(м.)*	Straßenlaterne	réverbère
характерный	charakteristisch	caractéristique
хватать/хватить	ergreifen, packen	saisir
холостой	unverheiratet	célibataire
хомяк	Hamster	hamster
художественный фильм	Spielfilm	film principal, long métrage
художник	Künstler	artiste
царить	herrschen	régner
цель *(ж.)*	Ziel	but
цена	Preis	prix
цензура	Zensur	censure
центральное отопление	Zentralheizung	chauffage central
церковь *(ж.)*	Kirche	église
цифра	Ziffer	chiffre
цыпочки: на цыпочках	auf Zehenspitzen	sur la pointe des pieds
часовой пояс	Zeitzone	fuseau horaire
часть *(ж.)*	Teil	partie
черта	Gesichtszug, Merkmal	trait
честность *(ж.)*	Ehrlichkeit	honnêteté, intégrité
честь: в честь *(+ род.)*	zu Ehren von	en l'honneur de

число (какого числа?)	Datum	date
чистейший вздор	totaler Quatsch	de pures idioties
читатель (м.)	Leser	lecteur
член	Mitglied	membre
членство	Mitgliedschaft	adhésion
чудный	wunderbar	merveilleux
чуть не плача	fast weinend	au bord des larmes
шагать	schreiten	marcher (à pas mesurés)
шутить/по-	scherzen	plaisanter
экран	Leinwand	écran
энергия	Energie	énergie
эфир (в эфире)	auf Sendung	sur les ondes
юность (ж.)	Jugend	jeunesse
яркий	hell, bunt	vif, clair